m n o p
q r s t
u v w
x y z

COPYRIGHT 1972 WESTERN PUBLISHING CO. INC.
COPYRIGHT 1978 SUSAETA, S. A.,
Editado e impreso por Susaeta, S. A. - Todos los derechos reservados.
Hecho el depósito que marca la ley - Publicado con su autorización especial
Ctra. de Barcelona, Km. 11 - Télex: 22148 SSTA - Telegrama SUSAETA
Apartado 13.136 - Teléf. * 747 21 11 - Madrid-22 (España)
Depósito legal: M-5.793-1978 - I. S. B. N.: 84-305-1.033-8 - Printed in Spain.

tu primer
diccionario
ilustrado

susaeta ediciones s.a.

A a

a

Bárbara
le da un libro
a su madre.
Manuel va
a la tienda.

abandonar

Los enemigos
abandonaron
el campo de batalla.
Nacho *abandonó* la
escuela.

abajo

Las hojas caen
hacia *abajo*.

abanicarse

Marta tiene
un *abanico*
y se *abanica*.

abecedario

Ana estudia el *abecedario*
en la cartilla.
En el *abecedario* están colocadas
todas las letras.

abeja

La *abeja* es un insecto.
Las *abejas*
producen miel.

abeto

En las montañas hay muchos
bosques de *abetos*.
El árbol de Navidad se hace
muchas veces con un *abeto*.

abrigo

Usamos el *abrigo*
para resguardarnos
del frío.

abril

Abril es el cuarto
mes del año.
Tiene treinta días.

abrir

Ana *abre* la caja.
Juana *abrió*
la suya antes.
La puerta está
abierta.

a b c ch d e f g h i j k l ll

abrochar

Laura se *abrocha* el abrigo.

abuela

La madre de nuestra mamá
es nuestra *abuela*,
y la madre de nuestro papá
es nuestra *abuela*.

abuelo

El padre de nuestra mamá
es nuestro *abuelo*,
y el padre de nuestro papá
es nuestro *abuelo*.

acabar

Mamá *acabó* el cuento.
Leyó hasta el final.

acampar

Acampamos al lado
de un lago.

accidente

Mi tío tuvo un *accidente*.
Su coche chocó
con un camión.

aceite

Este hombre pone
aceite al motor.
Mamá usa *aceite*
para cocinar.

acera

Los peatones andan
por las *aceras*.
Todas las ciudades
tienen *aceras*.

acero

El *acero* es un metal.
Todas estas cosas
son de *acero*.

ácido

Estas frutas son *ácidas.*

acordarse

Nacho se ha *acordado* que hoy es el cumpleaños de su mamá.
Por eso se ha *acordado* de hacerle un regalo.

acróbata

Un *acróbata* es un artista que hace ejercicios difíciles.
Los *acróbatas* trabajan en el circo.

actor

Un *actor* interpreta un personaje en una obra de teatro.
Los *actores* también trabajan en el cine, la televisión y la radio.

actuar

Los actores *actúan* en el escenario.
El público aplaude después de la *actuación.*

acuario

Un *acuario* es una caja de cristal donde viven los peces.
Un edificio con muchas de estas cajas también se llama *acuario.*

acunar

Lola *acuna* a su muñeca.

adiós

Papá y mamá se van al cine.
Lourdes les dice *adiós.*

adivinanza

Una *adivinanza:*
¿Qué cosa sube y baja al mismo tiempo?

a b c ch d e f g h i j k l ll

adivinar

La gitana *adivinó* el futuro de Jorge y de Sara; les dijo que tendrían mucha suerte.

aeropuerto

Un avión despega del *aeropuerto*. Otro acaba de aterrizar.

afilar

El hombre *afila* un cuchillo.
El cuchillo tiene un borde *afilado*.

afuera

Rogelio va a salir *afuera*.
Su perro ya está *afuera*.

Cerró la puerta y se quedó *afuera*.

agosto

Agosto es el mes que va después de Julio.

Agosto es el octavo mes del año.

agradecer

Ignacio siempre da las gracias para *agradecer* los favores que le hacen, y cuando le hacen algún regalo.

agua

Agua para beber,
Agua para bañarnos,
Agua para las plantas.
¿Qué haríamos sin el *agua*?

águila

Un *águila* es un ave carnívora. Las *águilas* tienen garras fuertes, pico curvado y grandes alas.

aguja

La *aguja* se usa para coser. También hay *agujas* para tejer.

agujero

El calcetín tiene un *agujero*.
Algunos animales hacen *agujeros* en el suelo.

ahora

El perro quiere su comida *ahora*.
La quiere ya.

Ahora quiere decir, en este momento.

aire

Por la ventana entra *aire* fresco.
El *aire* mueve las cortinas.

ala

Los pájaros tienen dos *alas* y vuelan por los aires.
También los aviones tienen *alas*.

alacena

Las *alacenas* tienen estanterías.
En las *alacenas* se guardan los platos, los cubiertos, la comida.

alambre

Los *alambres* son de metal.
Un *alambre* es más resistente que una cuerda.

alcanzar

El gato está demasiado arriba para que papá pueda *alcanzarlo*.

Nacho *alcanzó* a Pepe que corría velozmente.

aldea

Una *aldea* es un pueblo pequeñito.

alegría

Los niños sienten *alegría* cuando llegan las vacaciones.
Cuando estamos contentos sentimos *alegría*, y jugamos y cantamos.

alfabeto

El *alfabeto* tiene 28 letras.
Rosa se sabe bien el *alfabeto*.

a b c ch d e f g h i j k l ll

alfiler

Mamá usa *alfileres* para coser.

alfombra

El suelo está cubierto por una *alfombra*.

alga

Las *algas* son unas plantas que crecen en el mar.
Son como las flores del mar, pues también hay *algas* muy bonitas.

algo

Nina tiene *algo* en sus manos.
¿Qué será?

Está pensando en hacer *algo*.

algodón

El *algodón* es una planta.

Algunas ropas son de *algodón*.

alguien

Alguien dibujó en la pared.
¿Quién sería?

alimentar

Ruperto *alimenta* a su perro.
Le da comida.

alimento

Para crecer y desarrollarse hay que tomar *alimentos*.
La carne, los huevos, el pescado y las demás cosas que comes son tus *alimentos*.

almohada

¿Duermes con la cabeza sobre la *almohada*?

alrededor

Puedes venir *alrededor* de las cinco.
Las ardillas corren *alrededor* del árbol.

altar

Sobre el *altar* se celebra la Santa Misa.

alto

El columpio está demasiado *alto* para Julia.

Las nubes se ven muy *altas* en el cielo azul.

Los árboles son *altos*. Uno de los árboles es más *alto* que los otros.

allí

El niño deja la pelota *allí*.
Allí es un sitio que está más lejos que aquí.

amable

Pedro es muy *amable*.
Ayuda a todo el mundo.
Mi profesora tiene una *amable* sonrisa.

amanecer

El sol sale por las mañanas, muy tempranito, al *amanecer*.
Cuando *amanece* comienza el día y termina la noche.

amar

Todos los de esta familia se *aman*.
El *amor* hace feliz a la gente.

Nacho *ama* mucho a sus papás.

amarillo

El *amarillo* es un color.
Este gato es *amarillo*.

ambulancia

La *ambulancia* traslada los enfermos al hospital.
Las *ambulancias* llevan una sirena para que les dejen libre el tráfico.

amigo

Sofía y Carmen son *amigas*.
Las buenas *amigas* se ayudan con cariño.

anaranjado

Una cosa es *anaranjada* cuando tiene el color parecido al de la naranja.
El color *anaranjado* es una mezcla entre el rojo y el amarillo.

12 a b c ch d e f g h i j k l

anciano

Un *anciano*, o una *anciana*, es una persona muy mayor, que ya ha vivido muchos años.

ancho

¿La calle donde tú vives es *ancha*?
¿Hay mucha distancia entre una acera y la otra?

andar

Tú *andas* sobre dos pies.
Las palomas, también.

anillo

Susana tiene un *anillo* nuevo.

animal

Todos estos son *animales*.
Son muy variados.
¿Sabes cómo se llaman?

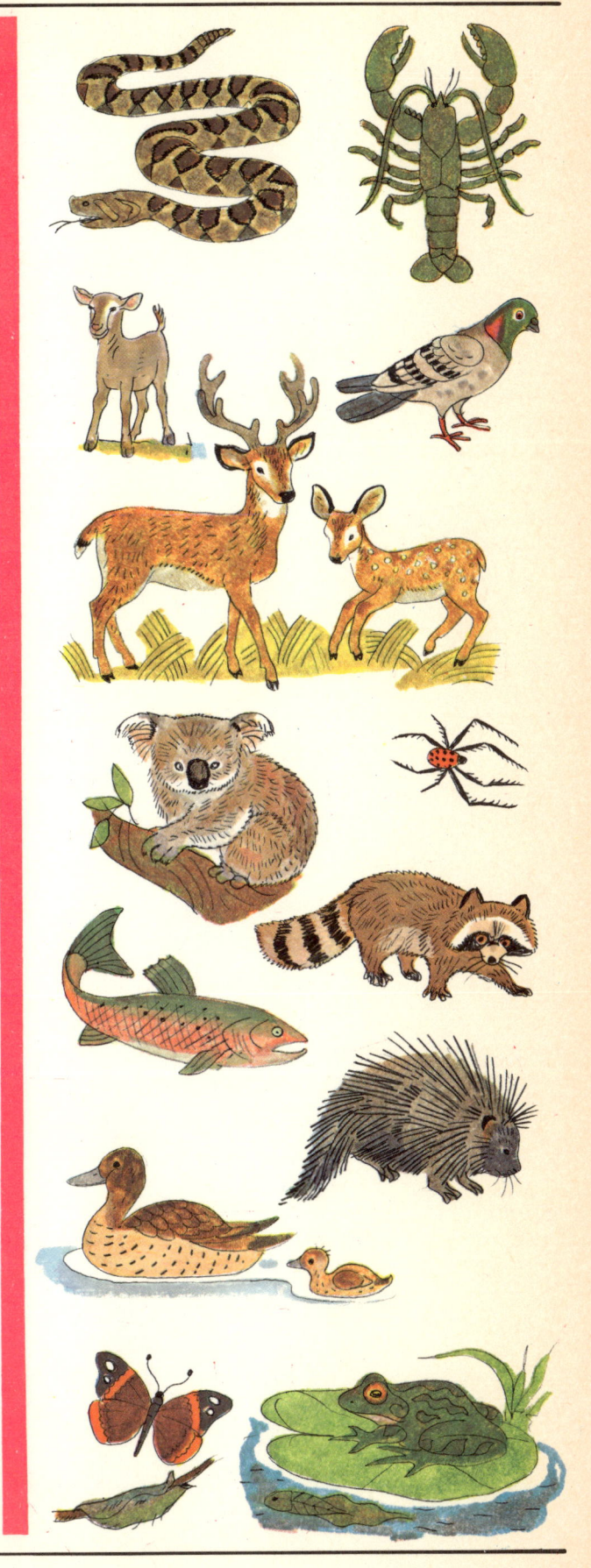

m n ñ o p q r s t u v x y z

a b c d e f g h i j k l

anochecer

Por las tardes, cuando se pone el sol, *anochece*.
Al *anochecer* también se le llama "ocaso".
Cuando *anochece* termina el día y comienza la noche.

antes

Nochebuena viene *antes* de Navidad.

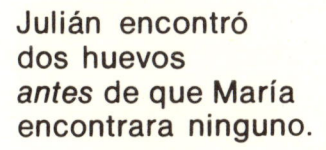

Julián encontró dos huevos *antes* de que María encontrara ninguno.

"A" está *antes* de "B" y es la primera letra del Abecedario.

anzuelo

Los *anzuelos* sirven para pescar.

año

Un *año* tiene doce meses.
Nuestra edad se mide en *años*.
Yo tengo 21 *años*.

año nuevo

Año Nuevo es el primer día del año.

apagar

Tú puedes *apagar* una cerilla, o la cocina, o el calentador.
Apagar es hacer que el fuego se extinga.

Los bomberos *apagan* las llamas de los incendios.

aparcar

Los coches están *aparcados* en el *aparcamiento*.
A veces no hay sitio para *aparcar*.

apartamento

Un *apartamento* es una casa pequeña.
Mucha gente vive en *apartamentos*.

apearse

Carlos se *apea* en la tercera parada del autobús.
Apearse es bajarse de un vehículo.

apetito

Cuando tienes *apetito* es que tienes mucha hambre; te comerías un buen bocadillo con *apetito*.

apilar

Pedro *apila* las hojas.

Petra hace una *pila* con las toallas.

aplaudir

Papá *aplaudió* a los actores. Le gustó la obra de teatro.

apoyarse

Manolo se torció un tobillo. Por eso se *apoya* en Paco.

aprender

Rafael *aprendió* a atarse los zapatos.

aquí

Aquí es un sitio que está muy cerca de ti.
Aquí es lo contrario de allí.

araña

Una *araña* es un pequeño animal con ocho patas. No tiene alas. Las *arañas* comen insectos y tejen con sus hilos unas telas finísimas

arañar

Los gatos *arañan* los muebles a veces.

Tomás se hizo un *arañazo*.

arar

El granjero *ara* el campo antes de echar la semilla. Usa un *arado*.

árbol

Los *árboles* son las plantas más grandes que hay. Escribe todos los *árboles* que conoces.

a b c ch d e f g h i j k l

arco iris

Después de una lluvia, puede salir el *arco iris* en el cielo.
¿Has visto alguna vez dos *arcos iris* al mismo tiempo?

ardilla

Una *ardilla* es un animal pequeño con cola.
Las *ardillas* viven en los árboles.

arena

La *arena* sale de las rocas.
En algunos sitios hay montañas de *arena*.

aritmética

Estudiando la *aritmética* se aprende a conocer bien a los números y toda la serie de operaciones que se pueden hacer con ellos.

árbol de navidad

Los regalos y las luces cuelgan del *árbol de Navidad*.

arcilla

Los niños hacen animalitos con *arcilla*.

arco

Los indios usaban *arco* y flechas para cazar.
El violín se toca con *arco*.

m n ñ o p q r s t u v x y z

armario

En el *armario* de la habitación puedes guardar tus ropas, tus juguetes y otras muchas cosas que te son útiles.

aro

Un *aro* es un anillo grande.

Los delfines atraviesan los *aros*.

arrancar

Papá *arranca* el coche.
El niño *arrancó* una flor.
Las malas hierbas se *arrancan*.

arrastrar

Luis *arrastra* los pies al andar.
Esos señores llevan el saco *arrastrando* por el suelo.
Los chicos se *arrastran* por el suelo y se ensucian la ropa.

arreglar

Los pantalones de Pedro necesitan un *arreglo*.
Hay que ponerles un parche.

arriba

Cuando un niño está *arriba*, el otro está abajo.
¡Qué divertido es el columpio!

arrojar

Los muchachos *arrojan* piedras al agua.
Arrojar es lanzar algo con fuerza.

arroyo

Un *arroyo* es un río pequeñito.

arroz

El *arroz* es un alimento.
Se come con carne o con pescado.
¿Te gusta la paella?
La paella está hecha con *arroz*.

ascensor

El *ascensor* sube y baja a la gente en los edificios grandes.

a b c ch d e f g h i j k l

asiento

Un *asiento* es una cosa para sentarse.

astro

Los *astros* son los cuerpos que hay en el espacio

astronauta

Los *Astronautas* viajan por el espacio. Algunos *astronautas* han estado en la Luna.

asustado

Los niños están *asustados*.

asustar

Roberto quiere *asustar* a Cristina.
¿Tú te *asustarías*?

atar

Andrés se está *atando* los zapatos.
A veces se olvida de *atárselos*.

atascarse

El coche se *atascó* en la arena.
No lo podemos mover.

aterrizar

El avión *aterriza* en el aeropuerto.

atmósfera

La *atmósfera* está formada por el aire que hay sobre la superficie terrestre.
Si no hubiera *atmósfera* no podríamos respirar; en el espacio no hay *atmósfera*.

atravesar

Marcos *atravesó* la habitación a la pata coja.
El ladrón pasó a *través* de la ventana.

autobús

Un *autobús* es un coche muy grande con muchos asientos.
Los *autobuses* transportan gente.

automóvil

Puedes ver en la calle muchos *automóviles;* un motor de gasolina los hace moverse.
En los *automóviles* puedes irte de vacaciones o de excursión.

autopista

Una *autopista* es una carretera muy amplia y muy bien señalizada por donde pueden circular muchos coches con rapidez.

ave

Un *ave* es un animal con plumas.
La mayoría de las *aves* pueden volar.

a b c ch d e f g h i j k l

avería

No encuentran la *avería*.
El coche no puede andar.

avestruz

El *avestruz* es una de las aves
más grandes que hay sobre
la Tierra.
Tienen el cuello y las patas muy
largos pero no pueden volar,
pues sus alas son muy pequeñas,
en relación con su cuerpo.

avión

Un *avión* es un aparato que vuela.

Los *aviones* transportan
viajeros y mercancías.

avispa

La *avispa* es un insecto parecido
a la abeja, pero no produce miel.
Su picadura es muy dolorosa
y, además, las *avispas* no pierden
el agijón al picar.

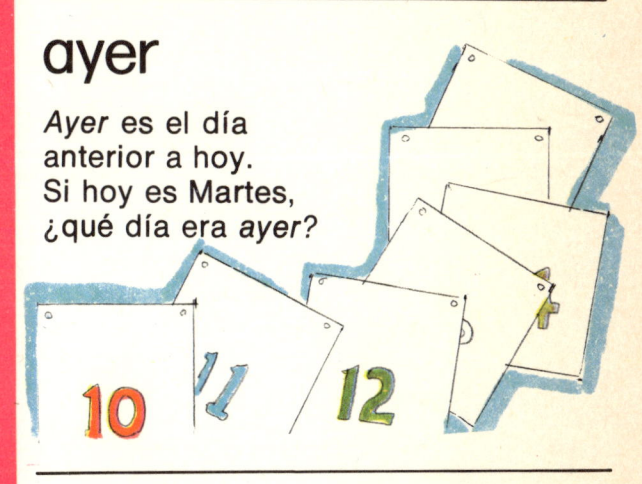

ayer

Ayer es el día
anterior a hoy.
Si hoy es Martes,
¿qué día era *ayer*?

ayudar

Ramón *ayuda*
a su padre.

azúcar

El *azúcar* es dulce.
Le echamos *azúcar* a algunas
cosas para que sepan
más dulces.

azul

Es el color del cielo.
La gorra es *azul*.

B b

bahía

Una *bahía* es como una gran playa en la que suele haber muchos barcos.
El agua está tranquila en las *bahías* porque la costa las protege de las olas del mar.

bailar

A Dolores le gusta *bailar* con música.

bajo

La niña está más *baja* que su hermano.

El ascensor *baja* hasta el portal.

balanza

Una *balanza* sirve para pesar cosas.

balcón

El *balcón* es una ventana muy grande en el que hay una barandilla para asomarse.
Muchos *balcones* están adornados con flores muy bonitas.

baloncesto

El *baloncesto* es un deporte.
Los niños juegan al *baloncesto*.

balsa

Una *balsa* es una pequeña embarcación, hecha con troncos de madera.

ballena

La *ballena* es el mayor animal que existe.
Las *ballenas* viven en el mar.

banco

Mucha gente guarda su dinero en un *banco*.
Yo no... no tengo.
Los niños se sentaron en un *banco* y tomaron el sol.

a b c ch d e f g h i j k l ll

22

banda

La *banda* de mi pueblo toca en las fiestas.

bandeja

Algunas veces, la *bandeja* está llena de pasteles; otras de aperitivos, otras de galletas...
Las *bandejas* suelen estar llenas de cosas muy ricas.

bandera

Hay muchas *banderas* distintas. Cada país tiene una.

bañar

Me *bañé* en el cuarto de *baño*.
La madre *baña* al bebé.

bañera

Pablo se baña con frecuencia en la *bañera*.
Es un chico muy limpio.

barba

Este hombre tiene una *barba* roja.

barbilla

La *barbilla* es una parte de tu cara.

barco

Un *barco* sirve para andar por el agua.

barra

En la *barra* de turrón se ven las almendras.

barrer

La máquina *barre* las calles.

Los niños *barren* los papeles y las cintas del suelo.

barro

El *barro* es tierra mojada.
Los niños hacen cosas con *barro*.

basura

Pedro tiró la manzana
a la *basura*.
El camión se lleva
la *basura*.

batir

Mamá *bate*
un huevo.

Santiago *bate* a Ana
en la carrera.
Le gana.

bebé

Un niñito muy joven
es un *bebé*.
También a los animales
recién nacidos
se les llama *bebés*.

beber

Jaime se *bebió* ayer
cuatro vasos de leche.

bello

Junto a mi casa hay un *bello* árbol
que tiene unas *bellas* flores.

besar

Carlota *besa*
a su padre
cuando regresa
del colegio.

Victoria le da un *beso*
a su muñeco
y lo guarda en
el armario para
irse a dormir.

biblioteca

Una *biblioteca*
es un sitio
donde hay libros.
En algunas *bibliotecas*
dejan que nos llevemos
los libros a casa.

bicicleta

Las *bicicletas* tienen dos ruedas.
Todas las *bicicletas*
no son iguales.

a **b** c ch d e f g h i j k l

bien

Antonia estaba enferma.
Ahora está ya *bien*.
¿Podrías hacer el pino tan *bien* como Antonia?

billete

Mario y su padre necesitan *billetes* para entrar al estadio.
Los tienen.
También hay *billetes* de dinero.

blanco

La nieve es *blanca*,

la flor es *blanca*,

el búho es *blanco*.

Me gustan mucho las nubes *blancas*.

bloque

El niño construye con *bloques* de madera.

boca

Tu *boca* sirve para hablar, para comer y para besar.

La mayoría de los animales tienen *boca*.

bolígrafo

Javi cogió el *bolígrafo* y se puso a escribir un cuento.
No olvida el *bolígrafo* cuando va a la escuela.

bolsillo

Daniel tiene las manos en los *bolsillos* porque hace frío.

bomba

Los soldados tiran *bombas* en la guerra, son muy peligrosas.
También hay *bombas* que sirven para sacar agua de un pozo.

bombero

Los *bomberos* apagan los fuegos.
Usan mangueras y hachas.

bombilla

Las *bombillas* dan luz.
Hay *bombillas* de colores.

bombón

José come muchos *bombones*. Le da igual que sean de chocolate, de caramelo o rellenos; todas las clases de *bombones* le gustan.
No es bueno comer muchos *bombones*.

bonito

Eloisa lleva un vestido *bonito* y canta una canción *bonita*.
También ella es *bonita*.

bordar

Pepita *borda* un pañuelo de seda.
Utiliza para *bordar* finas agujas e hilos de colores.

borde

Roberto camina por el *borde* de la acera.

La manta tiene *bordes* azules.

bosque

En un *bosque* hay muchos árboles.
En algunos *bosques* los árboles crecen muy cerca unos de otros.

bota

Las *botas* son para los pies. Los protegen.
¿Dónde está la *bota* que busca Carlos?
Pásame la *bota* de vino.

botar

La pelota *bota* sobre la acera. A lo mejor le da a Juan en la cabeza.
Juan *bota* otra pelota.

botella

El niño bebe de la *botella*.
Hay muchas clases distintas de *botellas*.

a **b** c ch d e f g h i j k l ll

botón

Se cayó un *botón*.
¿Cuántos quedan?

Nuestro vestido tiene *botones*.

Pulsando el *botón*, el ascensor baja.

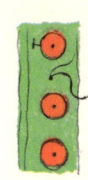

brazalete

Isabel tiene un *brazalete*.
Lo lleva puesto en la muñeca.

Hay bonitos *brazaletes* de oro adornados con piedras preciosas

brazo

Tomás tiene un *brazo* levantado.
Está llamando a un amigo.

Julia está sentada en el *brazo* del sillón.

brillar

Los ojos del gato *brillan* en la oscuridad.

El sol *brilla* durante el día.

brocha

El pintor pinta las paredes con la *brocha*.
Una *brocha* se utiliza también para dar cola, para pintar cuadros e incluso para untarse la crema de afeitar.

broma

Una *broma* es algo divertido.
Rosita le gasta una *broma* a Carmen.

brotar

El agua *brota* de los manantiales.
De la planta *brotó* una hermosa flor.

bruja

Las *brujas* vuelan montadas en escobas.
No hay *brujas*, son fantasías.

brújula

La *brújula* tiene una aguja que siempre señala al Norte.
Con la *brújula* se orientan los aviones, los barcos y los exploradores.

bueno

Lupe está leyendo
un *buen* libro.
El perro no
está siendo *bueno*
pues le quita
el muñeco
al niño.

búho

Un *búho* es un ave.
Los *búhos* cazan
de noche.
Por eso tienen
los ojos muy grandes
y brillan
en la noche.

bulbo

Un *bulbo* de tulipán
se convierte
en un tulipán.

burbuja

Las *burbujas* son redondas
y están llenas de aire.

burro

Un *burro* parece
un caballo pequeño
con orejas grandes.

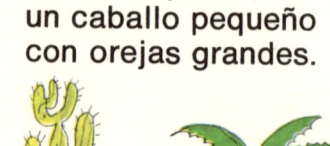

buscar

Rafa *busca* su trompeta
en el cajón de los juguetes, pero
no la encuentra.
Pedro *buscaba* una rueda
para su camión.

buzón

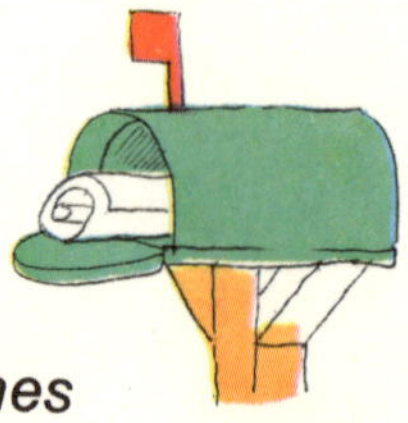

El cartero pone las
cartars que te mandan
en tu *buzón*.
¿Alguno de estos *buzones*
se parece al tuyo?

a **b c** ch d e f g h i j k l ll

C c

caballo

Algunas personas montan a *caballo*.

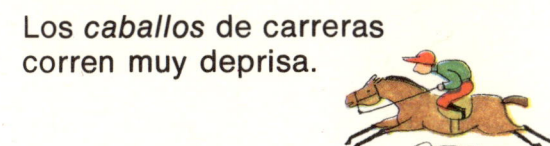

Los *caballos* de carreras corren muy deprisa.

Antes se usaban *caballos* para arrastrar carromatos.

Nacho tiene un bonito *caballo*.

cabello

Conchi siempre lleva el *cabello* muy peinado, pero Luis siempre lo tiene desordenado.

cabeza

Gustavo apoya la *cabeza* en el suelo.

Susana va en *cabeza*.

La *cabeza* es la parte más importante del cuerpo.

cabra

Las *cabras* dan leche. Parecen ovejas sin lana. Son muy traviesas.

cacahuete

Las cáscaras de *cacahuete* son fáciles de romper.

Los *cacahuetes* son un buen alimento y de ellos también se extrae el aceite de *cacahuete*.

cachorro

A los hijos de algunos animales se les suele llamar *cachorros*; un gatito es el *cachorro* del gato y al hijo del león se le llama *cachorro* de león.

cada

Cada una de las niñas tiene un sombrero y *cada* uno es diferente.

cadena

El collar del perro es una *cadena*.

Las *cadenas* son de diferentes metales.

El columpio está sujeto por *cadenas*.

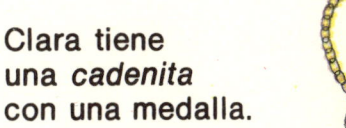

Clara tiene una *cadenita* con una medalla.

caer

El coco *cae* al suelo desde la rama.

café

El *café* es una bebida
que le gusta
a muchas personas.
El *café* es el fruto
de una planta tropical.

caja

Esta *caja* tiene cerillas.
Las *cajas* se utilizan
para guardar las cosas.

Esta otra *caja* tiene
comida.
Los bombones también
se venden en *cajas*.

¿Qué crees que habrá
en esta *caja*?

cajón

El último *cajón* es
el de Victoria.
En casa hay
armarios
con *cajones*.

calcetín

Los *calcetines*
son para los pies.
Los *calcetines*
nos abrigan.

calendario

En el *calendario* vienen señalados
todos los días del año.
En el *calendario* podemos ver
cuando es fiesta y cuando no.

calentar

Mamá *calienta*
la comida
en la cocina.

caliente

La plancha está *caliente*.
Si la tocas,
te quemarás.

calor

Cuando hace *calor* se suda;
en verano hace *calor* y sudamos,
por eso llevamos ropa
más ligera que en invierno.

calle

Las ciudades y los pueblos
tienen *calles*.

cama

La *cama* sirve para descansar.
Dorita se echa la siesta
en la *cama*.

a b **c** ch d e f g h i j k l

cambiar

Juan se *cambia* de ropa cuando vuelve de la escuela.

camello

El *camello* es un animal con dos jorobas. Los *camellos* viven en el desierto y son animales de carga.

camino

El *camino* va al lado del río.
La gente anda por el *camino*.

camión

Los *camiones* son coches muy grandes que llevan cosas de un sitio para otro.

camisa

Todos los niños tienen *camisa*.

La *camisa* de Juan es azul.

campamento

El *campamento* de los indios estaba en un valle.

campana

Las *campanas* suenan.
¿Dónde lleva la *campana* el coche de bomberos?

campo

Las zonas fuera de las ciudades y los pueblos son el *campo*.
Las granjas están en el *campo*.

canario

Los *canarios* son pájaros que cantan muy bien.
A veces los meten en jaulas.

canción

¿Qué *canciones* te gustan más?

canguro

Los *canguros* son animales que andan a saltos. Llevan a sus crías en una bolsa que tienen en la piel.

canica

Las *canicas* son bolitas. ¿Juegas tú a las *canicas*? Nacho gana siempre a las *canicas*.

cansado

Los niños están *cansados*. Han estado jugando mucho rato.

cansarse

Juan se *cansa* de estudiar; Enrique se *cansó* de correr. Cuando trabajamos, nos *cansamos*.

cantar

El pájaro *canta*. Pedro *canta*. El perro y su hermana le escuchan. *Cantamos* cuando estamos alegres.

capullo

Cuando se abra el *capullo* aparecerá una rosa.

Los *capullos* son de muchos colores.

cara

Si quieres verte la *cara*, mírate en el espejo. ¿Tiene siempre Suso la misma *cara*?

caracol

Los *caracoles* tienen un cuerpo blando y una concha dura.

a b c ch d e f g h i j k l

caramelo

Hay muchas clases de *caramelos*.
Me gustan mucho.

caravana

Los americanos hacían viajes en *caravanas* de carros.
Los árabes atraviesan el desierto en *caravanas* de camellos.
Cuando hay atasco en las carreteras, los coches van en *caravana*.

carbón

Quemando *carbón* se produce calor.

El *carbón* se saca de la tierra.

En el mundo hay grandes minas de *carbón*.

carga

El excursionista lleva mucha *carga*.
Lleva muchas cosas.

carne

La *carne* se come.
Todas estas *carnes* son de animales de granja.

carta

María recibió una *carta* con buenas noticias.

Los niños juegan a las *cartas* durante las vacaciones y los días de fiesta

cartera

Carlos lleva sus libros escolares en la *cartera*.
Los señores mayores llevan el dinero en la *cartera* de bolsillo.

cartero

El *cartero* le trajo una carta a Lola.
El lleva cartas, paquetes y revistas.

carrera

Los niños echan una *carrera*.

Hay pistas de *carreras* para coches, para caballos, para perros, para personas.

carretera

Por la *carretera*
van muchos coches.
Algunas *carreteras*
son tan estrechas
que sólo cabe uno.

carretilla

Una *carretilla* sirve para
llevar cosas pesadas.

casa

Esta *casa*
es de la familia
de Clara.
Sólo viven ellos.

cascabel

El *cascabel* produce un sonido
agradable.
Suelen llevar *cascabeles* los
perros, los gatos y los caballos.

cascada

Cuando un río pasa por un
desnivel se produce una *cascada*.
El agua cae desde muy alto
y hace mucho ruido.

cáscara

Los huevos de ave tienen *cáscara*.
El pajarito ha roto
la *cáscara* para salir
del huevo.

casco

Los *cascos* parecen
sombreros.

Sirven para no
hacerse daño
en la cabeza.

casi

Cuatro pesetas
son *casi* un duro.

castillo

Antes, los reyes
vivían en *castillos*.

catorce

Catorce es el número que va
después que el trece y antes que
el quince.

a b **c** ch d e f g h i j k l

34

caucho

El *caucho* es un material que se saca de ciertos árboles y con él se hacen cosas de goma.

cavar

Pepe *cava* la arena.
Ha encontrado una concha en un agujero que hizo antes.

cazar

El explorador *cazó* un león.

cebolla

La *cebolla* es un vegetal.
Se puede comer cruda.

cebra

Las *cebras* son como caballos, pero con rayas.

cenar

En España se *cena* muy tarde.
A las nueve de la noche o después.
A la nena le gusta su *cena*.

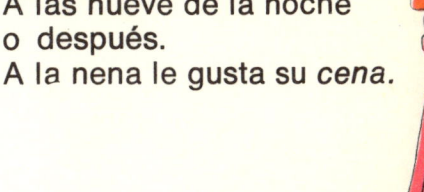

ceniza

Cuando se apaga el fuego queda la *ceniza*.
La *ceniza* de los cigarrillos se echa en los *ceniceros*.

centro

El *centro* está en el medio.

La rosquilla tiene un agujero en el *centro*.

El eje está colocado en el *centro* de la rueda.

cepillo

Ana se *cepilla* el pelo.

Hay muchas clases de *cepillos*: *cepillo* de la ropa, *cepillo* de los dientes, *cepillo* de los zapatos, etc...

cera

Sustancia que segregan las abejas para construir los panales que luego llenan de miel.

cerca

A Benjamín le gusta sentarse *cerca* de la ventanilla.

cerdo

Un *cerdo* es un animal de granja. Los *cerdos* se engordan para carne.

cereal

El trigo es un *cereal*, el arroz es un *cereal* y el maíz también.

cerebro

El *cerebro* está en la cabeza, es una de las partes más importantes del cuerpo humano.

cereza

Las *cerezas* son pequeños frutos rojos. El *cerezo* da *cerezas*.

cerilla

Papá usa una *cerilla* para encender el fuego.

cero

El *cero* es un número. El 100 tiene dos *ceros*. ¿A qué letra se parece el *cero*?

cerradura

Una *cerradura* sirve para cerrar una puerta y que no se pueda abrir. Usan llaves para las *cerraduras*.

cerrar

Nicolás *cierra* la puerta para que no entre el frío.

La niña tiene un ojo *cerrado*.

Nacho *cierra* el sobre de la carta.

cesta

Las *cestas* se usan para llevar cosas.

a b **c** ch d e f g h i j k l

ciego

Los *ciegos* no ven, utilizan los demás sentidos para moverse y para orientarse.

cielo

Algunos días el *cielo* es azul.

Otros está nublado. Del *cielo* cae la lluvia.

cien

Cien es un número. En este dibujo hay bolitas de diferentes colores. En cada línea hay diez bolitas y en las diez líneas hay *cien* bolitas.

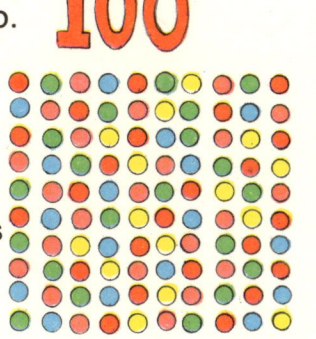

cinco

Cinco es un número.
Cinco moscas.

cinco flores

y *cinco* zorros.

cine

Andrés va mucho al *cine*, le gustan las películas de dibujos animados y de aventuras.

cinta

Dolores lleva una *cinta* rosa en el pelo.

Cuando se ata un paquete con una *cinta*, parece más bonito.

cinturón

El *cinturón* de Julia es azul. Ramón y Pepe tienen *cinturones* marrones.

circo

En el *circo* puedes ver payasos, animales, acróbatas, magos... Te divertirás mucho si vas al *circo*.

m n ñ o p q r s t u v x y z

círculo

Esto es un *círculo*.

Para jugar al corro
se hace un *círculo*.
Los anillos son *circulares*.

circunferencia

La *circunferencia* es una
línea redonda que no tiene
principio ni fin.

ciudad

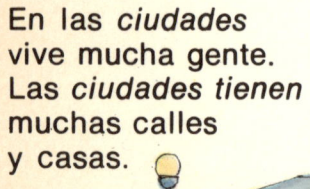

En las *ciudades*
vive mucha gente.
Las *ciudades* tienen
muchas calles
y casas.

claro

El agua está *clara*.
Se pueden ver
los guijarros del fondo.

clase

Una hormiga es una *clase*
de insecto.
Ayer dimos *clase* de Geografía.

clavel

Planta de flores muy hermosas.
Hay *claveles* rojos y *claveles* blancos.
Nacen en primavera
y tienen un agradable perfume.

clavo

Los *clavos* son de metal.
Sirven para unir las maderas
y construir muebles.

cocer

Muchos alimentos se *cuecen*
antes de comerse.

coche

Mi papá tiene un *coche*.
Los domingos vamos todos
en él al campo.

coche de bomberos

Un *coche de bomberos*
viene por la calle.
Va muy deprisa.

a b **c** ch d e f g h i j k l

cocinar

Para comer caliente,
hay que *cocinar* primero.
Mamá está en la *cocina*.

cocinero

Los *cocineros* trabajan en
bares, hoteles y restaurantes para
preparar las comidas.

coco

Los cocoteros dan *cocos*.

¿Te gustan
los dulces
de *coco*?

cocodrilo

El *cocodrilo* es un animal
con la piel muy gruesa.

codo

El brazo se dobla
por el *codo*.

Blas ha hecho agujeros
en los *codos*
de su jersey.

cohete

El hombre ha viajado a la Luna
sobre un *cohete*.

El *cohete* despega.
Antoñito tiene
un *cohete*
de juguete.

cojín

Los *cojines* son blandos
y sus formas y colores diferentes.

cojo

Es *cojo* el que tiene
una sola pierna.
La mesa queda *coja*
cuando le falta una pata.
Los niños juegan a la pata *coja*.

cola

Estos animales
tienen *cola*.

Estos otros
no tienen *cola*.

Di cuáles la tienen
y cuáles no.

coleccionar

Gustavo *colecciona* chapas.
Gustavo guarda chapas.

colgar

El niño se *cuelga* del árbol.

Juana *cuelga* su abrigo en el armario.

colibrí

El *colibrí* es el pájaro más pequeño que existe.

colina

Una *colina* es una montaña pequeñita.
Desde lo alto de la *colina* puede verse el bosque.

colocar

Pedro se *colocó* a la derecha, Víctor a la izquierda; los dos escogieron un buen sitio para *colocarse*.

color

Petra *colorea* el dibujo.

Señala el *color* que más te guste.

columpiarse

Los niños se *columpian*.
¿Te has *columpiado* alguna vez?
Los *columpios* están en el patio.

columpio

Los niños se balancean alegremente en los *columpios*.
En los parques suele haber *columpios*.

a b c ch d e f g h i j k l

comer

Los niños se *comen* un bocadillo.

cometa

¿Tienes una *cometa*?
¿La has hecho volar alguna vez?
Los *cometas* también son astros que viajan por el espacio.

comida

Emilia se lleva la *comida* al colegio.
Comerá allí.

Mamá prepara *comida* para la excursión al campo.

Comemos muchas clases de *comidas*.
Aquí puedes ver algunas de ellas.

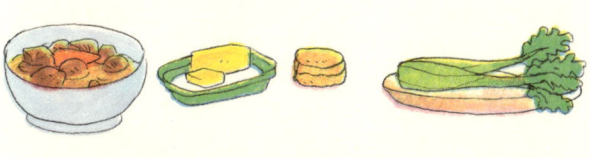

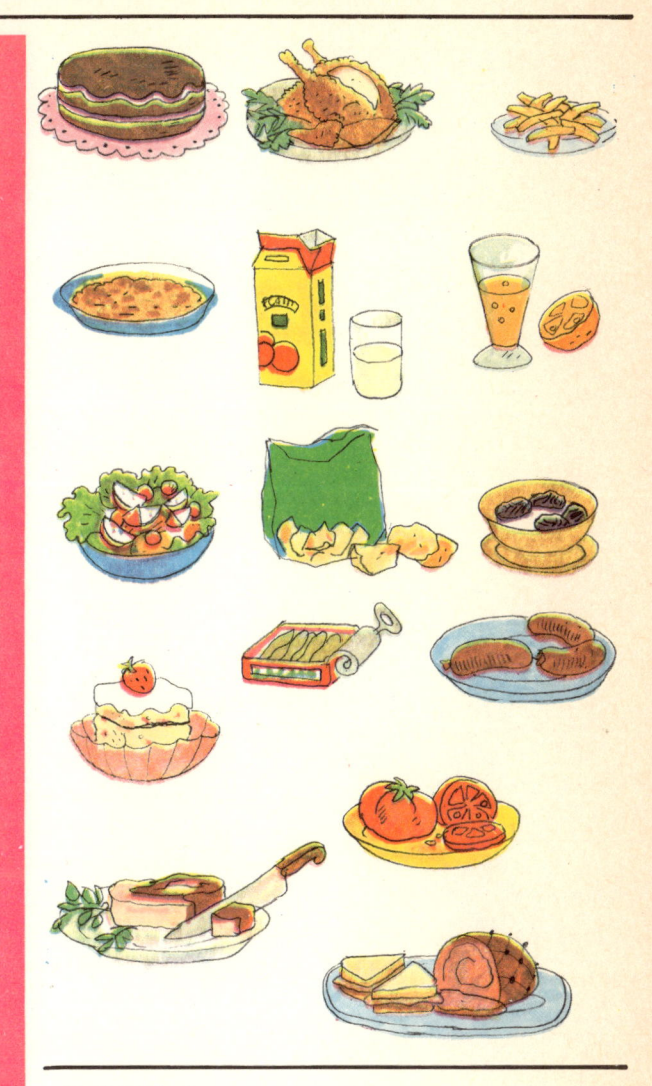

como

Algunas preguntas empiezan con la palabra *como*.
¿*Cómo* estás?
¿*Cómo* se hace?
Mi vestido es *como* el tuyo.
¿*Cómo* se va a París?

complacer

Marta hace muchas cosas para *complacer* a su madre.
Una forma de *complacerla* es ayudarla en las tareas de la casa.

comprar

Gustavo *compra* caramelos.
Da una moneda y luego
los caramelos ya son suyos.

con

La niña fue *con* su madre
a la compra.

conducir

La tía de Carmen
conduce el autobús.

conejo

Un *conejo* es un animal
con un pelo muy suave.
Los *conejos* tienen unas orejas
muy largas.

congelarse

El agua cuando hace
mucho frío se *congela*
y se convierte en hielo.

En el Polo Norte
y en el Polo Sur los mares
están *congelados*.

conocer

Antonio y Ramón se *conocieron*
en el parque.
Desde que se han *conocido*
son muy amigos.

conseguir

El ladrón *consiguió* entrar
sin ser visto. Tuvo éxito.

construir

Los pajaros
construyen nidos.

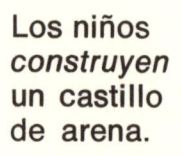

Los niños
construyen
un castillo
de arena.

Se *construyó*
este rascacielos.

a b c ch d e f g h i j k l

42

contar

Aurora les *cuenta* su viaje a sus amigos.

contemplar

Susana *contempla* sus pinturas de colores.
Desde mi balcón *contemplo* el paisaje.

contento

El perro de Isabel está *contento* de verla.

contestar

Julio *contestó* muy bien a las preguntas del maestro.
Para poder *contestar* a una pregunta hay que saber la respuesta.

contra

La escalera está apoyada *contra* la pared.

Los niños luchan unos *contra* otros.

conversación

Ana y María tuvieron una larga *conversación* en la que hablaron de muchas cosas.

copo de nieve

Un *copo* de nieve es un trozo pequeñito de nieve.
Los *copos* se hacen agua cuando se funden.

corazón

Tu *corazón* está en el pecho.
Cuando corres mucho puedes sentir sus latidos.

corbata

Papá tiene una *corbata* nueva.

cordero

Un *cordero* es una oveja pequeña.
Los *corderos* son muy cariñosos.

cordón

Algunos zapatos tienen *cordones*.

corneta

La *corneta* es un instrumento musical. Suena cuando la soplas.

corona

Las *coronas* se llevan en la cabeza.
Muchas *coronas* son de oro.
Los reyes y las reinas llevan *coronas*.

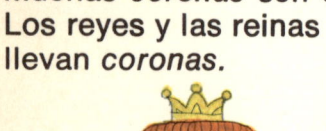

correo

Cuca echa una carta al *correo*.

correr

El niño, el caballo y el perro están *corriendo*.
¿Tu *corres* cuando tienes prisa?

cortar

Marta *recorta* una muñeca de papel.

Tino se *cortó* el dedo.

corteza

La *corteza* protege a los árboles.

cortina

La ventana tiene *cortinas*.
Quitan la luz.

corto

Di cuáles de estas cosas son *cortas*.

cosa

Seguro que nunca podrás tener una de estas *cosas*. ¿Cuál?

coser

Para *coser* te hace falta una aguja y un hilo.

María *cose*.
Le está haciendo un vestido a su muñeca.

costa

En la *costa* la tierra se junta con el mar.
La *costa* puede ser una playa o un acantilado.

costar

Cada Pirulí *cuesta* diez pesetas.

A Pepito le *cuesta* mucho aprender la lección.
El camino es *cuesta* arriba.

crecer

La japonesita *creció* demasiado el año pasado.
El abrigo se le ha quedado pequeño.

creer

¿Tú *crees* en las hadas?
Papá *cree* que mañana lloverá.

cremallera

La chaqueta se cierra con una *cremallera*.
Las Botas también tienen *cremallera*.
¿Tienes tú alguna ropa con *cremallera*?

cristal

Se puede ver a través de los *cristales*.
El *cristal* se rompe.

Estas cosas son de *cristal*.

crudo

La comida sin cocinar está *cruda*.

cruzar

Antonio *cruzó* la calle.
Fue hasta la otra acera con mucho cuidado.

cuadrado

Este es un *cuadrado*.
Señala sus cuatro
esquinas.

cuadro

Estos *cuadros*
están en casa
de María.
¿Cuál es
el suyo?

cual

¿*Cuál* línea
es más larga?
¿*Cuál* insecto
es mayor?

cuando

¿*Cuándo* te despertaste hoy?
¿*Cuándo* iremos a la sierra?

cuatro

Cuatro es un número.

Hay *cuatro* huevos
en este nido.

cubo

Papá lleva el agua
en el *cubo*.
Necesita muchos *cubos*
de agua
para lavar
el coche.

cubrir

Las botas de Julio
están *cubiertas* de barro.

Mamá *cubre* al niño
con una manta.

cucaracha

La *cucaracha* es un insecto.
Habita en muchos lugares.
Las *cucarachas* se evitan
con la limpieza y los insecticidas.

cuchara

Usamos *cucharas* para
cocinar y para comer.

cuchillo

Los cuchillos *sirven* para cortar.
Algunos no están afilados.

a b **c** ch d e f g h i j k l

cuello

Los pavos tienen el *cuello* muy largo.

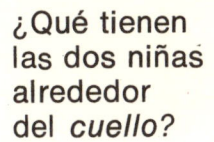

¿Qué tienen las dos niñas alrededor del *cuello*?

cuenta

¡Mira!, las *cuentas* de un collar.
El niño hace la cuenta.
Papá pagó la *cuenta* del hotel.

cuento

Carmen les *cuenta* a los niños un *cuento* sobre una alfombra mágica.
Ella sabe muchos *cuentos*.

cuerda

Los niños ataron a su hermano con una *cuerda*.

cuerno

Algunos animales tienen *cuernos*.

cuero

Muchos zapatos son de *cuero*.
El *cuero* se saca de la piel de algunos animales.

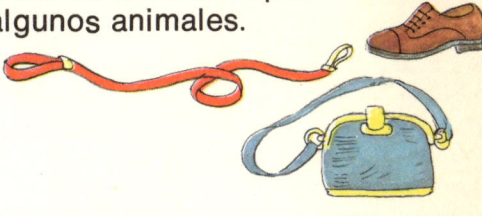

cuerpo

Tu *cuerpo* eres tú.
Es sólo tuyo.
Todos los animales tienen *cuerpo*.

cueva

Las *cuevas* son agujeros en el suelo.
Es peligroso jugar en las *cuevas*.

cuidar

Ana *cuida* a su hermanito.

culebra

Una *culebra* es un animal largo, delgado, sin patas.
Las *culebras* pueden reptar.

cumpleaños

Tu *cumpleaños* es el mismo día todos los años.

¿Cuándo es tu *cumpleaños*?

cuna

Una *cuna* es una camita de bebé.

curar

El médico *cura* la enfermedad de mi hermano.

curva

En el camino que sube a la montaña hay muchas *curvas*.
Nacho dibuja *curvas* con su compás.

CH ch

chapa
Algunas botellas se tapan con *chapas*.

chaqueta
Una *chaqueta* es como un abrigo, pero más corto. Muchos hombres usan *chaqueta*.

charco
Un *charco* no tiene mucha agua.

Cuando llueve se forman *charcos*.

charlatán
Un individuo *charlatán* habla mucho pero no sabe bien lo que dice.

chica
Aquí hay tres *chicas*. Piensa en un nombre para cada una.

chico
Tres *chicos*. Piensa en un nombre para cada uno de ellos.

chichón
Pedro se dio un golpe en la cabeza y se hizo un *chichón* muy gordo.

chillar
Los niños *chillan* muchas veces cuando juegan.

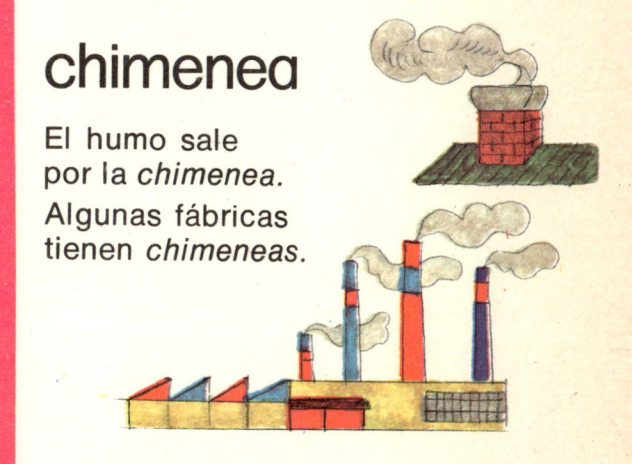

chimenea
El humo sale por la *chimenea*. Algunas fábricas tienen *chimeneas*.

chocolate
Todas estas cosas son de *chocolate*. Elige las que más te gusten.

D d

danzar

Los bailarines *danzan* al compás de la música.
Para saber *danzar* bien hay que practicar mucho.

dar

Andrés dice: "*Dame* unas pocas, por favor".
Juan le *dio* palomitas a Andrés.

de

La tienda está llena *de* cosas.

La corona es *de* papel.

debajo

Lola vive *debajo* de Pedro.
Pepe, *debajo* de Lola.

decir

¿Podrías *decir* cual es el color de los gatos?
Dinos el color de la silla y de la mesa.

dedo

Alguien metió un *dedo* en el cazo.

defender

Los soldados *defendieron* la Fortaleza.

dejar

El niño *deja* salir al perro.
Martín *deja* salir algo de aire del globo.

delantal

Un *delantal* sirve para que nuestros trajes no se manchen cuando trabajamos.

a b c ch **d** e f g h i j k l ll

50

delante

Miguel se coloca *delante* de Luis en la clase.
Delante es lo contrario que detrás.

delgado

Este hombre es muy *delgado*.
No está gordo.

demasiado

Lucía se echó *demasiado* azúcar en el café; está *demasiado* dulce.

dentadura

La *dentadura* está formada por todos los dientes que hay en la boca.
Los animales también tienen *dientes*.

dentista

Los *dentistas* arreglan los dientes de la gente.
Ramón está en el *dentista*.
Todos los años va a que le vean los dientes.

dentro

¿Puedes ver lo que hay *dentro* de la caja?

deporte

La gimnasia, el fútbol, las carreras y la natación son *deportes*.
Hay muchas otras clases de *deportes* divertidos y saludables.

Enrique hace *deporte* corriendo en bicicleta.
De mayor quiere ser ciclista.

deprisa

Gonzalo corrió muy *deprisa* hasta la valla.
Le persigue una cabra.

El trompo gira *deprisa*.

derecho

María mueve su mano *derecha*.

Todos los jueces estudian *derecho* para poder aplicar la ley.

El ojo *derecho* del búho está cerrado.

derramar

El azúcar se le está *derramando* a Lucía.
Se le cae del paquete y ensucia el suelo.

derretirse

Cuando el hielo se *derrite*, se convierte en agua.

El helado de chocolate de mi hermana *se derrite* en su mano.

desatar

David se *desata* los zapatos.

Lola *desata* el paquete.

desayunar

María *desayuna* todos los días a las ocho de la mañana.
¿Qué quieres tomar de *desayuno*?

desbordar

Las aguas del río bajaban *desbordadas*.

descansar

Cuando nos cansamos, nos hace falta *descansar*.
Mi abuelo deja *descansar* a sus ojos.

El vaquero deja *descansar* al caballo.

descender

Carmen *desciende* las escaleras; *descender* es parecido a bajar.

descubrir

Colón *descubrió* América.
Los sabios *descubren* muchas cosas nuevas.

desde

Aurelia corrió *desde* la ventana hasta la puerta para verte pasar.

desear

Ricardo *deseaba* una bicicleta.
Quería una bicicleta.
Su *deseo* se hizo realidad.
Ya la tiene.

a b c ch **d** e f g h i j k l ll

52

desembarcar

Los marineros *desembarcan* cuando llegan al puerto. *Desembarcar* es bajar de un barco.

desfile

¡Mira! ¡Un *desfile*!

desierto

Un *desierto* es una tierra muy seca. En algunos *desiertos* la gente viaja en camellos.

deslizarse

Te puedes *deslizar* sobre el hielo sin patines.

desorden

La habitación de Julián es un *desorden*. Hay que limpiarla y *ordenarla*.

despacio

¿Cuál de las niñas se viste más *despacio*?

despedirse

El bebé dijo adiós a Lucas. Se *despidió* de él.

desperdiciar

Alguien se olvidó de cerrar el grifo. Se está *desperdiciando* agua.

Antonia *desperdicia* papel. Lo gasta inútilmente.

despertarse

El perro y el niño acaban de *despertarse*.

El reloj *despierta* a papá.

después

Lola se comerá los caramelos *después* de la ensalada.

detrás

Lola va *detrás* de Miguel.
El perro anda *detrás* de Lola.
La ardilla está por *detrás* del árbol.

día

Durante el *día* hay luz.
¿Cuáles son los *días* de la semana?

dibujar

A Curro le gusta *dibujar*.
¿Qué ha *dibujado*?

diccionario

Un *diccionario* es un libro que explica el significado de las palabras.

diciembre

Diciembre es el último mes del año.
Las Navidades son en *Diciembre*.

diente

Con los *dientes* comemos.
También sirven para hablar.
A Marcos se le acaba de caer un *diente*.
Pronto le saldrá un *diente* nuevo.

diez

Diez es un número.

diferente

Este coche es *diferente* de los otros.
¿Cuál oruga es *diferente*?

a b c ch **d** e f g h i j k l ll

54

difícil

Algunos problemas son *difíciles*; las cosas *difíciles* cuestan mucho trabajo hacerlas.

dimensión

Las *dimensiones* de una cosa son sus medidas.
La *dimensión* se puede referir a la longitud, la altura, el volumen y otras formas de medida.

dinero

El *dinero* sirve para comprar cosas.
Raquel tiene *dinero* para un helado.

dirigir

El niño *dirige* al caballo a su establo.

disco

Los *discos* se tocan en un tocadiscos.
Sale música de ellos.

disparar

Adolfo *dispara* una flecha.

distancia

La ciudad está a cinco kilómetros de *distancia* de aquí.
La *distancia* es el espacio que hay entre dos puntos.

divertirse

Ramón se *divierte* con su perro.

Las niñas lo pasan *divertido* saltando a la comba.

dividir

Juana *dividió* el pastel.
Le dio un trozo a Faustino, otro a Esperanza y ella se quedó con el resto.
Seis *dividido* entre tres es dos.

doblar

Mamá *dobla* la manta.

Tadeo *dobló* el papel por varios sitios e hizo un avión.

doce

Doce es un número.
Doce huevos,

doce rosquillas,

doce manchas.

docena

Una docena es lo mismo que doce.
Aquí hay una docena de huevos.

doler

Las heridas duelen; cuando algo te duele no te encuentras bien.

dolor

Una quemadura hace sentir dolor; una caída también.
Sientes el dolor cuando te has hecho daño.

doméstico

La vaca es un animal doméstico.
Vive con los hombres y éstos la usan.

Los patos también están domesticados.
No tienen miedo de Blas.

donde

¿Dónde vives?
¿En qué sitio vives?
¿Dónde están los pollitos?
¿Dónde, la oruga?

dormir

Raquel se quedó dormida haciendo los deberes.

Cuando llega la noche, todos duermen.
Duermen los hombres, duermen los animales.
Están cansados.

dos

Dos es una cantidad.

Dos osos,

dos abejas,

dos mariposas.

a b c ch **d** e f g h i j k l ll

dragón

En los cuentos aparecen *dragones* gigantes, pero no existen de verdad.
Hay algunos lagartos a los que se les llama *dragones,* pero son muy pequeños.

dromedario

El *dromedario* es un animal parecido al camello, pero con una sola jiba.
También vive en el desierto.

dulce

Todas estas cosas son *dulces.*
¿Cuáles te gustan más?

durante

Estuvimos jugando *durante* dos horas.

Durante el invierno hace frío.
Durante el verano calor.

durar

La película *duró* una hora. Empezó a las nueve y acabó a las diez.

Las cosas que se cuidan *duran* mucho.

duro

Todas estas cosas son *duras.*

E e

eclipse

Un *eclipse* de sol se produce cuando la Luna se interpone entre el Sol y la Tierra, dejando a oscuras una parte de ésta.

eco

Cuando hay *eco*, puedes oír tu propia voz, segundos después de haber gritado.
Esto es debido a que las ondas sonoras han rebotado en un obstáculo y han vuelto al lugar donde han sido emitidas.

ecuador

Círculo imaginario que rodea la Tierra por su parte más ancha.

echar

Julio le *echa* migas de pan a las Palomas.
Ramón *echó* el perro a la calle.

edad

Ana tiene siete años de *edad*.
La *edad* se mide en años.

edificio

Hay muchos tipos de *edificios*.

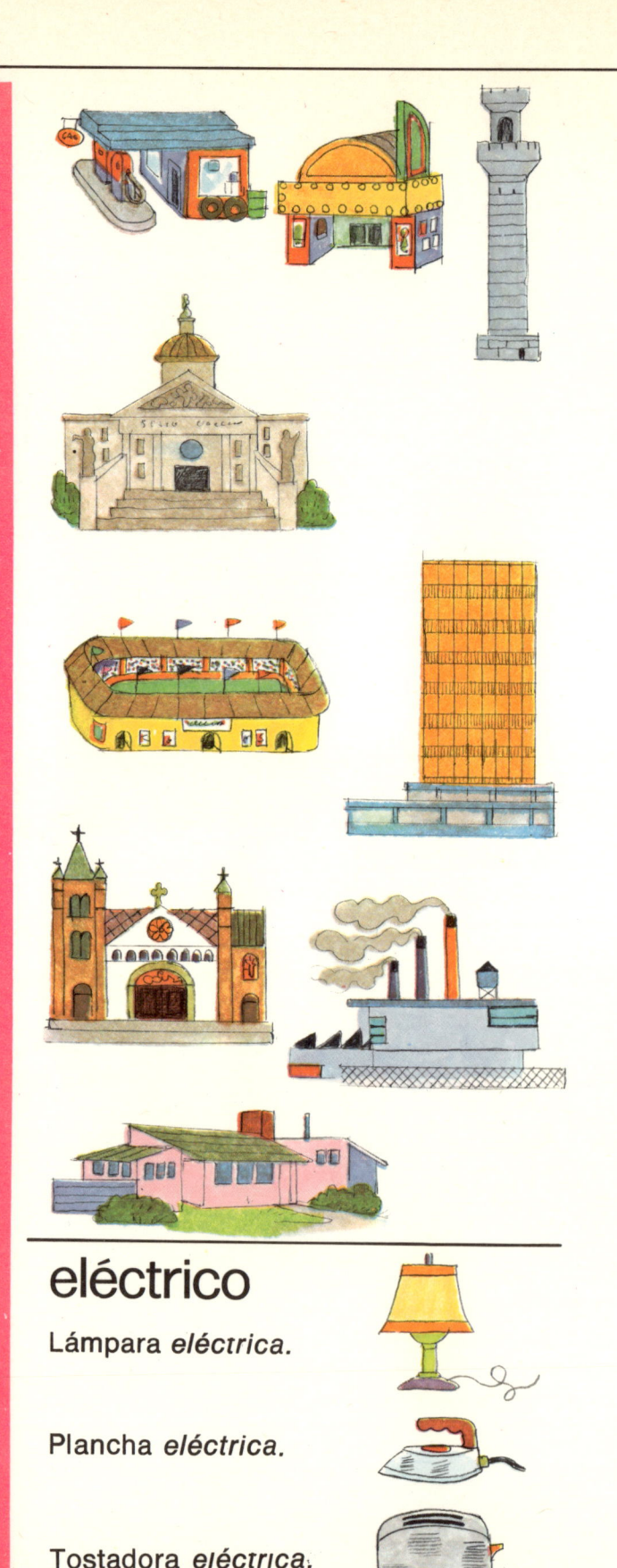

eléctrico

Lámpara *eléctrica*.

Plancha *eléctrica*.

Tostadora *eléctrica*.

a b c ch d e f g h i j k l ll

58

elegir

Hoy le tocó *elegir* a Alicia
el programa de televisión.
Eligió uno de vaqueros.

También suele *elegir*
las películas
de dibujos animados.

embarcar

Embarcar es subirse a un barco.
Embarcar es lo contrario
de desembarcar.

empezar

Está *empezando* a llover.
Hace frío.

El niño *empezó* a llorar.

El alumno escribe en la
pizarra su nombre
que *empieza* por "B".

empinado

La cuesta
es demasiado
empinada.

empujar

Francisco *empuja*
la carretilla.

Luisa dice: "*empújame*",
y su hermano
le da un gran
empujón

en

Juan y Begoña
están *en* el museo.
El esqueleto
está *en* un alto.

en punto

Tomás se levanta
a las siete *en punto.*
Las manecillas
del reloj están así.

A las ocho *en punto*
las manecillas están
de esta otra manera.

enano

A veces aparecen *enanos* en los cuentos.
Son muy pequeños.

encaramarse

Juan se *encaramó* a un árbol como si fuera un mono.
Encaramarse es lo mismo que subirse.

Los gatos también se *encaraman* en los árboles.

encargar

La señora Carmen *encargó* un kilo de patatas en la tienda.
Julián siempre se *encarga* de hacer un buen fuego en las excursiones.

encender

Con una cerilla se *enciende* el fuego, con un interruptor puedes *encender* la luz.

encima

La comida está *encima* de la mesa; *encima* es lo contrario que debajo.

encontrar

Fernando *encontró* las letras de su nombre en la sopa.

¿Por qué no *encuentra* Eva su cinturón?

enero

Enero el es primer mes del año y tiene treinta y un días.

enfermera

Las *enfermeras* cuidan a los enfermos.
Juanita y Soledad juegan a las *enfermeras*.

enfermo

Cuando estás *enfermo* no estás bien.
Han traído un *enfermo* al hospital.

a b c ch d e f g h i j k l

enganchar

Alfonso *engancha* la máquina al vagón.

enojar

Luis se *enojó* con Javier porque le rompió el camión de madera; *enojarse* es parecido a enfadarse.

enrollar

El hombre *enrolló* la alfombra para llevarla mejor.

Las toallas de papel vienen *enrolladas*.

enseñar

El profesor *enseña* la gramatica a los alumnos.
Pedro le *enseñó* su coche a Pablo.

entre

Los niños están sentados *entre* su padre y su madre.
La niña está *entre* los dos niños.

enviar

Ana siempre le *envía* una tarjeta a su abuela por su cumpleaños.

La echa al correo.
Mamá *envió* a Ana a la tienda.

envolver

Soledad *envuelve* los regalos de Navidad.
Olga ya ha *envuelto* los suyos.

época

Una *época* es un momento histórico determinado.
Santiago mira coches de diferentes *épocas*.

equipaje

Antes de salir de viaje hay que preparar el *equipaje*.
El *equipaje* está formado por las maletas, los bolsos y demás artículos necesarios para el viaje.

equivocado

Julia se puso un zapato *equivocado*.
Nacho se *equivocó* al escribir su lección.

error

Todo el mundo se equivoca alguna vez.
Todo el mundo hace algo mal.
Todo el mundo comete *errores*.
Busca los *errores* en estos dibujos.

escarabajo

Un *escarabajo* es un insecto.
Hay muchos *escarabajos* distintos.

escalar

Los montañeros *escalan* las montañas.
Escalar una montaña es un deporte muy bonito.

escalera

Las *escaleras* sirven para subir a algunos sitios.
¿Qué habrá detrás de la valla?
Sube por la *escalera* y lo sabrás.

Hay *escaleras* que se pliegan y otras que se estiran.

Las *escaleras* sirven para subir.
Santiago sube los *escalones* de dos en dos.

escarcha

Las gotitas de agua congeladas forman la *escarcha*.
¡Mira la ventana cubierta de *escarcha*!

escenario

Las obras de teatro se representan en un *escenario*.
El *escenario* suele estar lleno de luces y tiene diversos decorados.

a b c ch d **e** f g h i j k l ll

escoba

Las *escobas* sirven para barrer.

esconderse

Toño se *esconde* debajo de la mesa.

escribir

Carlos *escribe* bien.

Carmen *escribió* su nombre en el libro.

escuchar

Los niños *escuchan* música.

escudo

Los antiguos guerreros solían llevar *escudo* para protegerse de las armas de los enemigos. Hoy día los *escudos* no tienen apenas utilidad.

escuela

Irás a la *escuela* cuando tengas la edad suficiente. Algunas de las cosas que se aprenden en la *escuela*, *se aprenden* en libros.

espacio

Los astronautas viajan por el *espacio*. El sol y las estrellas están en el *espacio*.

espalda

Sin un espejo, no te puedes ver la *espalda*.

Las sillas tienen *respaldo*.

espejo

Tú te puedes ver en el *espejo*. Los *espejos* son de cristal.

esperar

Melchor *espera* a Silvestre. No tendrá que *esperar* mucho.

espiga

La *espiga* es la parte de la planta donde están los granos de trigo. También hay otros cereales que crecen en *espigas*.

esquiar

Julio *esquía* en la montaña. Los *esquíes* están hechos de madera, de metal o de plástico.

esquimal

Los *esquimales* son los habitantes de ciertas zonas próximas al Polo Norte.

esquina

La bola llegó hasta la *esquina*.

La mesa tiene cuatro *esquinas*.

a b c ch d e f g h i j k l

establo

En el *establo*
viven las vacas
de una granja.

estación

Los trenes paran en la *estación*
para recoger y dejar viajeros.
El año tiene cuatro *estaciones*:
primavera, verano, otoño
e invierno.

estampar

Raúl *estampó* una estrella
en el papel.

estanque

Un *estanque* es
un lago pequeño.
¿Qué animales viven
en este *estanque*?

estante

El *estante* verde está
colgado en la pared.

este

Sebastián está mirando al norte.
Su mano derecha
señala al *este*.
El sol sale
por el *este*.

estómago

La comida,
después de tragarla,
va al *estómago*.

estrecho

La puerta es *estrecha*.
La mesa
no puede pasar.
Hay un *estrecho*
entre España y Africa.

estrella

Tú no puedes contar todas
las *estrellas* del cielo.

estufa

La *estufa* sirve para calentarnos
en invierno.
La *estufa* puede ser eléctrica,
de gas o de carbón.

excepto

Todas las "bes" *excepto* una
están bien puestas.

excursión

En las *excursiones* nos divertimos visitando nuevos lugares.

exprimir

Al *exprimir* una naranja, le quitamos su zumo.

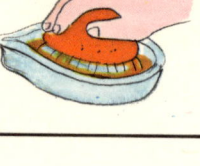

a b c ch d **e f** g h i j k l

F f

fábrica

En las *fábricas* se hacen cosas.
El padre de Lucía trabaja
en una *fábrica*
de zapatos.

fácil

Es *fácil* para el gato
subir al árbol.
No es *fácil* para Jaime.

fachada

La *fachada* es el aspecto exterior
que presentan los edificios.

familia

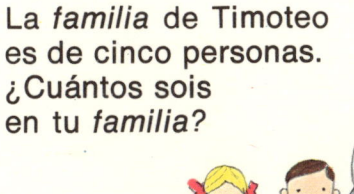

La *familia* de Timoteo
es de cinco personas.
¿Cuántos sois
en tu *familia*?

fantasma

Gonzalo se vistió de *fantasma*.
para asustar a la gente.
No hay *fantasmas*.

faro

Los *faros* iluminan en la noche
para orientar a los navegantes.

farol

El *farol* es un instrumento para
alumbrar en el que la luz va
metida en una especie de caja con
las paredes de cristal.

febrero

Febrero es el segundo mes
del año.

felicitación

Loli recibió la *felicitación* de sus
tíos en el día de su cumpleaños.

feliz

Susana es *feliz*.
¿Sabes por qué?

feo

Estos animales son *feos*.
No son bonitos.

feria

Enrique fue a la *feria*.
En las *ferias* se puede divertir uno mucho.

ferrocarril

Hay mucha gente que prefiere el *ferrocarril* al coche para viajar más cómodo.

fiesta

Bárbara hizo una *fiesta*.
Invitó a cinco amigos.

fila

Había toda una *fila* de coches delante del paso a nivel.

filo

Los cuchillos tienen el *filo* para cortar; las tijeras también tienen *filo*.
Todos los objetos cortantes tienen *filo*.

fin

Cuando algo se acaba, ha llegado su *fin*.
Jugamos muy deprisa con el *fin* de ganar el partido.

final

El furgón va al *final* del tren.
Es el último vagón.

flecha

La *flecha* te señalará el camino.
Los indios hacían *flechas* como esta.

flor

Muchas plantas tienen *flores*.

a b c ch d e **f** g h i j k l

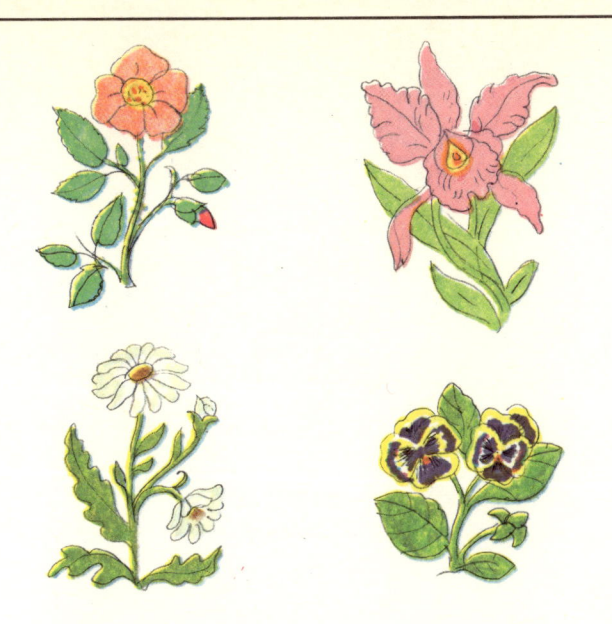

flotar

El pato de juguete *flota* en el agua.

Algunos globos *flotan* en el aire.

foca

Las *focas* tienen una piel suave.
Las *focas* viven en el mar.
A veces hay *focas* en los circos.

fogón

No hace mucho tiempo, la gente tenía que hacer fuego y guisar en el *fogón* de la cocina.

fondo

El *fondo* del mar es, en algunas partes, tan profundo que está totalmente oscuro.

forma

La canica y la pelota tienen la misma *forma*.

Estos trozos de papel son de diferentes *formas*.

Y estos juguetes, también.

fregadero

Margarita lava los platos en el *fregadero*.

fregar

Donato *friega* el suelo.

Las *fregonas* son para *fregar*.

frente

La *frente* es una parte de la cara.
El general iba al *frente* de sus soldados.
Mi casa está *frente* a la tuya.

fresa

La *fresa* es una fruta.
Las *fresas* salen de plantas pequeñas.

fresco

Salud acaba de coger las flores.
Están *frescas*.
Las zanahorias también son *frescas*.

frío

Frío es lo contrario de caliente.
Cuando nieva, hace *frío*.
Juana tendría *frío* sin el abrigo.

fruta

¿Cuál de estas *frutas* te gusta más?

fuego

El *fuego* da luz y calor.
Para hacer *fuego* hay que quemar algo.

fuente

Aquí hay una *fuente* para beber

fuera

Las nueces tienen una
cáscara muy dura por *fuera*.

¿Qué quiere coger el mono
fuera de su jaula?

fuerte

El hombre
es muy *fuerte*.
Puede levantar
cosas muy pesadas.

El palo es muy *fuerte*.
Gerardo no puede romperlo.

G g

gafas

Mucha gente necesita ponerse *gafas* para poder ver mejor.

galleta

Las *galletas* son dulces
¡Mira cuántas *galletas* distintas!

gallina

Una *gallina* es un ave que se come.
Las *gallinas* ponen huevos.

gallo

En el campo se puede escuchar por las mañanas el canto del *gallo*.
El *gallo* es el macho de la gallina.

ganar

Lorenzo va *ganando*.
Va el primero.
Lorenzo *ganó* la primera carrera.

ganso

El *ganso* es un ave grande que puede nadar.
Se come.
Los *gansos* salvajes vuelan hacia el Sur en el otoño.

garaje

Un *garaje* es un sitio para guardar coches.

garra

Las uñas afiladas de los animales son las *garras*.

Las *garras* de los gatitos son pequeñas, pero pueden arañarte.

gas

El *gas* se usa para cocinar y para calentar cosas.
No podemos ver el *gas* si no está encendido.

a b c ch d e f g h i j k l

72

gasolina

La *gasolina* hace que anden los coches.
Parece agua pero es inflamable y peligrosa.

gatear

Los niños pequeños andan *gateando*.
Gatear es andar a cuatro patas, como los gatos.

gato

Los *gatos* son animales con pelo.

gemelo

Laura y Lola son *gemelas*.
Nacieron el mismo día,
Tienen cinco años,
sus padres son los mismos.
¿Tienes tú un hermano *gemelo*?

Papá mira con sus *gemelos* el avión que pasa.
Blas se abrocha los *gemelos* de su camisa.

gemir

La pena y el dolor se expresan *gimiendo* y llorando.

gente

¡Mira cuánta gente!
Las personas son la *gente*.

geografía

Por medio de la *geografía* aprendemos donde están las ciudades, los montes, los ríos, los mares y demás cosas que hay sobre la superficie terrestre.

geometría

Estudiando la *geometría* se pueden aprender las diversas formas y volúmenes que se pueden dar en el espacio.

gigante

Un *gigante* es una persona muy alta y muy *grande*.
A veces salen *gigantes* en los cuentos.

Son personajes imaginarios.
No existen.

m n ñ o p q r s t u v x y z

gimnasia

Es bueno hacer *gimnasia* porque desarrolla el cuerpo y despeja la inteligencia.

girar

Carlitos hace *girar* su trompo.

girasol

Los *girasoles* son flores amarillas. Algunos *girasoles* son muy altos.

globo

Uno de estos *globos* está deshinchado. Se puede volar en *globo* por el aire.

gnomo

Los *gnomos* son pequeñitos. Hacen trampas en los cuentos.

gobernantes

Los países tienen *gobernantes.* Son los que dicen lo que hay que hacer.

gobernar

Los ministros de un estado, junto con su presidente, forman el *gobierno* de una nación; ellos la *gobiernan.*

gol

Nacho metió un *gol* en la portería y su equipo ganó el partido.

golfo

En la costa, un *golfo* se forma en un entrante del mar en la tierra. También se llama *golfos* a ciertos vagabundos.

golondrina

Las *golondrinas* son unos pájaros pequeños, de color oscuro por encima y claro por debajo, que vuelan muy rápido.

goloso

María es una *golosa* porque está continuamente comiendo caramelos.

a b c ch d e f **g** h i j k l

golpe

Carlos se cayó por la escalera y se
dio un *golpe* en la cabeza.
Los ladrones planearon el *golpe*
con mucho cuidado.

golpearse

Francisco se *golpeó*
en la cabeza
con el cajón.

goma

Todas estas cosas
son de *goma*.

gordo

Un cerdo es *gordo*
El otro, delgado.

¿Cuál es el ratón *gordo*?

gorra

Con las *gorras*
la gente se tapa
la cabeza.

gorrión

Un *gorrión* es
un pájaro pequeño.
En las ciudades viven
muchos *gorriones*.

gota

Llueve.
Caen *gotas*
de agua.

grabar

Esculpir en madera,
en metal o en piedra.
Los canteros *grabaron*
el pórtico de la Catedral.

gracioso

Los payasos del circo son
muy *graciosos* porque hacen reír
mucho a los que los ven.

gramo

El *gramo* es una medida muy
pequeñita de peso.
Un kilo tiene mil *gramos*.

grande

El niño tiene un libro
muy *grande*.

granero

Un *granero* es el lugar donde los agricultores guardan el grano y el forraje para los animales.

El *granero* tiene diferentes compartimentos en los que se guardan los granos.

granizo

El *granizo* es como una lluvia de cristalitos de hielo. Se forma al pasar el agua de lluvia por zonas muy frías.

granja

Una *granja* es un sitio donde se cultivan verduras y hay animales. Casi todo lo que comemos se hace en las *granjas*.

granjero

Un *granjero* trabaja en una granja. ¿Qué hacen estos *granjeros*?

grano

A las semillas de algunas plantas les llamamos *granos*. El arroz, el maíz y el trigo son *granos*. Pepe tenía *granitos* de arena en el zapato.

gratis

Elena dio varias vueltas *gratis* en el tiovivo. No tuvo que pagar nada.

gris

El *gris* es un color que está entre el blanco y el negro.

gritar

Bárbara le *grita* a Alberto. Quiere que le devuelva su muñeca. ¿*Gritas* tú alguna vez?

grueso

El libro es *grueso* tiene muchas páginas.

grupo

Un *grupo* está compuesto por más de una persona. Aquí puedes ver a dos *grupos* de niños jugando.

guante

Los *guantes* son para las manos. Un *guante* tiene un sitio para cada dedo.

guardar

¿*Guardas* todas las hojas bonitas que te encuentras? Esta es una buena manera de *guardarlas*.

guardia de tráfico

El *guardia de tráfico* para a los coches para que pasen los niños.

guijarro

Un *guijarro* es una piedra pequeña y lisa. Algunos *guijarros* son bonitos.

guisante

Los *guisantes* son una verdura.

Los *guisantes* se cocinan antes de comerlos.

guitarra

La *guitarra* es un instrumento musical. Las *guitarras* tienen cuerdas.

gusano

Un *gusano* es un animal. Los *gusanos* no tienen patas.

gustar

A Andrés le *gusta* el zumo de naranja. A su padre le *gusta* el de tomate.

H h

haber

El verbo *haber* se utiliza para formar los tiempos compuestos de los demás verbos, por ejemplo: *he* tenido, *ha* llovido, etc… También significa tener.

habitación

Una casa puede tener una sola *habitación* o más de una.

habitar

Las casas en las que *habitan* los hombres del campo son diferentes de los edificios en los que *habitan* los hombres de la ciudad.

hablar

Mamá está *hablando* con los nuevos vecinos.

Perico *habla* demasiado en la escuela.

hacer

Mama *hace* un vestido.

hacha

Los leñadores utilizan el *hacha* para cortar los árboles.

hada

Las *hadas* salen en los cuentos. No existen.

hambre

Los gemelos tienen *hambre*. Quieren comer.

harina

Mamá usa la *harina* para hacer un pastel. El pan también se hace con *harina*. Casi toda la *harina* se saca del trigo.

helado

Soledad come un *helado*. Tiene que darse prisa porque se está derritiendo.

a b c ch d e f g **h** i j k l ll

helicóptero

Los *helicópteros* parecen aviones.
¿Tienen alas los helicópteros?

heno

El heno es *hierba* seca.
Algunos animales comen *heno*.

herirse

Andrés se hizo una *herida*.
Salía sangre.
El ladrón *hirió* al policía.

hermana

Julia es la *hermana* de Pilar.
Las dos tienen el mismo padre y la misma madre.
Las *hermanas* muchas veces se parecen.

hermano

Pedro es *hermano* de Miguel.
Pedro y Miguel tienen los mismos padres.

hermoso

Lucía tiene un *hermoso* cabello rubio.
Hermoso es parecido a bonito.
Las flores son *hermosas*.

héroe

Los *héroes* luchan y arriesgan sus vidas por ayudar a los demás.

Son muy valientes y sus acciones son extraordinarias.

herramienta

Las *herramientas* nos ayudan a trabajar.
¿Tienes alguna *herramienta* en tu casa?

hielo

El *hielo* es agua helada.

hierba

La *hierba* es una planta de hojas largas y estrechas. La *hierba* cubre muchos suelos y los hace blandos.

hierro

El *hierro* es un metal muy duro.

hija

Estos padres tienen tres *hijas*.

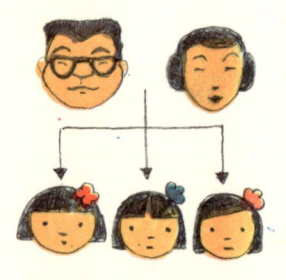

hijo

Un *hijo* tiene padres. Estos padres tienen cuatro *hijos*.

hilo

María mete el *hilo* por el ojo de la aguja.

hinchar

Julia *hinchó* el globo.

historia

La *historia* nos cuenta cómo se han desarrollado las vidas de los hombres desde la antigüedad.

hocico

Muchos animales tienen *hocico*.

hogar

La casa donde vives es tu *hogar*.

a b c ch d e f g **h** i j k l

hoguera

Los excursionistas encienden *hogueras* para cocinar y para calentarse, pero hay que tener cuidado, se puede producir un incendio.

hoja

La *hoja* es una parte de la planta.
Muchas *hojas* son verdes.
Esto está escrito sobre una *hoja* de papel.

hojalata

Lámina de hierro que tiene sus dos caras cubiertas de estaño.
Muchos cacharros de mi casa son de *hojalata*.
No se oxidan.

hola

Rosa le dijo *"¡hola!"* a la nueva niña.

hombre

¡Cuántos *hombres* viendo el fútbol!

hombro

¡Levanta un *hombro*! A Sebastián le gusta subirse a los *hombros* de su padre.

honrado

Los hombres *honrados* no roban nunca y siempre dicen la verdad.

hora

Una *hora* tiene sesenta minutos. Un día tiene veinticuatro *horas*.

hormiga

La *hormiga* es un insecto. La mayoría de las *hormigas* viven en el suelo.

horno

Los *hornos* sirven para asar. ¿Qué hay en este *horno*?

hospital

Los *hospitales* son edificios con camas para los enfermos. Los médicos y las enfermeras trabajan en los *hospitales*.

Muchos niños nacen en un *hospital*.

a b c ch d e f g **h** i j k l

hotel

Un *hotel* es un sitio donde la gente puede dormir y comer cuando está fuera de su casa.

hoy

Hoy es este día.

huella

Leocadio y su perro han hecho estas *huellas*. ¿Cuáles son las del perro?

hueso

Tu cuerpo tiene *huesos* por dentro.

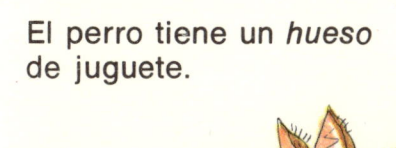

El perro tiene un *hueso* de juguete.

huevo

Un *huevo* es fácil de cocinar.

Todas las aves salen de *huevos*.

humo

El *humo* sale del fuego.

Hay humo en la cocina. Se debe estar quemando algo.

hundirse

La muñeca de Rosa se *hunde* poco a poco en la piscina.

huracán

Un *huracán* es un viento muy fuerte que ocasiona graves daños a los hombres, a las casas y a los árboles del campo.

I i

iglesia

En la *iglesia* se celebra la misa todos los días.
Algunas *iglesias* son muy bonitas.
Tienen torres altas con campanas.

igual

Estas figuras son *iguales*.

Dos y dos no es *igual* a cinco.

ilustración

En los libros hay muchas *ilustraciones* bonitas, con ellas se entienden mejor las cosas.
A Nacho le gustan los cuentos con muchas *ilustraciones*.

imaginar

Imaginar es pensar en algo que no sabemos cómo es en realidad.

imán

Valentina usa un *imán*.
Los *imanes* atraen cosas de hierro.
Los *imanes* no son todos iguales.

imitar

Los niños *imitan* a los osos.
El perro *imita* a los niños.

impermeable

Los *impermeables* nos sirven para no mojarnos cuando llueve.
Ana tiene un sombrero *impermeable*.

importar

¿Te *importa* esperar el autobús?
Sí, es una lata.
Las naciones *importan* las cosas que no tienen.

imprimir

Imprimir es confeccionar una obra *impresa* como un libro, una revista, etc...

incendiar

Cuando un bosque se *incendia* es muy difícil apagar las llamas.
También se *incendian* las casas de la ciudad a veces.

a b c ch d e f g h **i** j k l ll

incendio

Se producen *incendios* en las ciudades y en los bosques.
Hay que tomar muchas precauciones para no provocar *incendios* pues son muy peligrosos y perjudiciales.

inclinarse

Inclínate y tócate los dedos de los pies. Es una buena gimnasia.
El árbol se *inclina* en la dirección del viento.

indio

Los *indios* son los habitantes de la india.
También se denominan *indios* a los indígenas de América.

insecto

Los animales de seis patas son los *insectos*.
Todos estos que ves aquí son *insectos*.

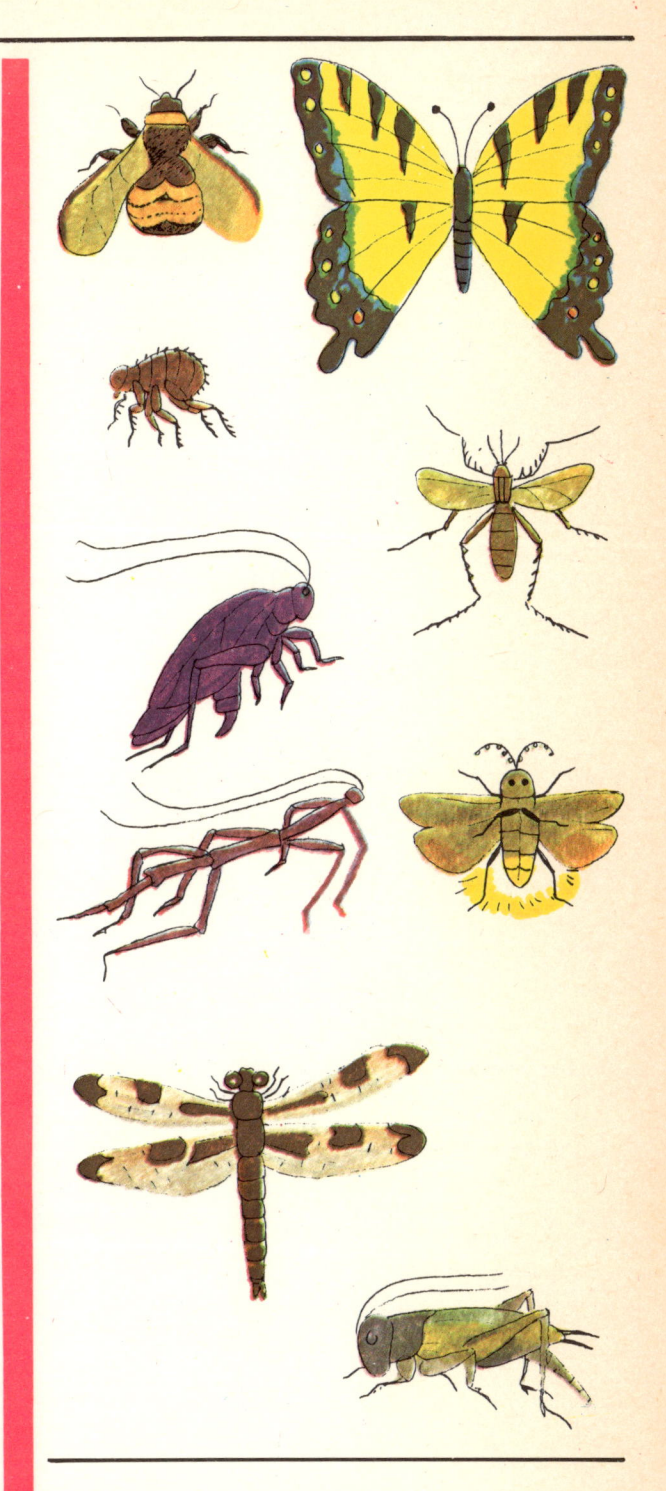

instrumento

Un *instrumento* es una herramienta con la que se hace algo.
Los músicos tocan sus *instrumentos*; los cirujanos tienen *instrumentos* para operar, etc...

inteligente

Los chicos *inteligentes* tienen imaginación, sacan buenas notas y, a la vez, se divierten y juegan.

intentar

Santiago *intenta* coger una mariposa.

intestino

El *intestino* es una parte del cuerpo, situada en el vientre, a través de la que se distribuyen los alimentos ya digeridos al resto del cuerpo por medio de la sangre.

introducir

Tomás *introduce* una peseta en la máquina.

inventar

Los sabios *inventan* cosas útiles; los escritores *inventan* novelas; algunas personas *inventan* embustes.

invierno

¿Es primavera?, ¿es verano?, ¿es otoño?, o ¿es *invierno*?

invitar

María *invita* a Juan y Rosa a su fiesta. Les pide que vayan.

ir

Daniel dice: "¡*Vete* a casa, Totó!" Y Totó se *va*. Mañana *iremos* al circo.

isla

Pili pintó una *isla*. Las *islas* están rodeadas de agua por todas partes.

izar

Gonzalo *iza* la bandera. La pone en lo alto del palo.

izquierdo

María levanta su mano *izquierda*.

a b c ch d e f g h **i** j k l ll

J j

jabón

El *jabón* sirve para lavar.
¿Nunca se te ha
metido *jabón*
en los ojos?

jardín

Los *jardines* son sitios
donde se plantan flores
y verduras.

jarra

Una *jarra* sirve
para tener líquidos
como agua, vino,
zumos, leche.

Se cayó la *jarra*
de cristal
y se rompió.

jarrón

El *jarrón* azul
tiene flores.
Algunos *jarrones*
son muy bonitos.

jaula

Una *jaula* es una caja
con alambres o barras
en vez de paredes.
La *jaula* pequeña
es para un pájaro;
la grande,
para un mono.

Ni el pájaro
ni el mono
están contentos
en sus *jaulas*.

jersey

Los *jerseys* son prendas
de lana que se utilizan para
protegerse del frío.

Nacho tiene *jerseys*
de bonitos colores.

jirafa

La *jirafa* es un animal africano
que tiene el cuello y las patas muy
largos; se alimenta de
hierbas y suele tener la piel
amarilla con manchas negras.

joroba

El dromedario
tiene una *joroba*.
Los búfalos, también.

87

joven

Estos animales
son *jóvenes*.
Tienen pocos años.

judía

Las *judías* son vegetales
que se comen.

juego

¿Cuál de estos *juegos*
te gusta más?

Este es un *juego* de ceras.

Este otro es un *juego*
de herramientas.
¿Cuántos *juegos* sabes?
¿A qué sabes *jugar*?

jueves

El *Jueves* es el día
de la semana
que va después del Miércoles.

a b c ch d e f g h i **j** k l

88

jugar

Los niños *juegan*.

jugo

Los *jugos* se obtienen de las frutas.
Así puedes tomar *jugo* de naranja, de limón e incluso de tomate.

juguete

Un *juguete* es para jugar.
¿Tienes tú alguno de estos *juguetes*?

julio

Julio es un mes.
Julio va después de Junio.

junio

Junio es el sexto mes del año.
Tiene treinta días.

junto

A Pedro y a Luis les gusta hacer todo *juntos*.

La cuchara está al lado del plato.
Está *junto* al plato.

K k

kayak

El *kayak* es una embarcación individual muy ligera, hecha de madera y de piel, que utilizan los esquimales para pescar.
Hoy el *kayak* se ha convertido en una canoa deportiva.

kilogramo

El *kilogramo* es una medida de peso que tiene mil gramos.

kilómetro

El *kilómetro* es una medida de longitud que tiene mil metros.

kiosco

En el *kiosco* se venden periódicos, golosinas y helados.
También hay algunos *kioscos* en las plazas y jardines
de algunas ciudades
hay *kioscos* en los que toca
la banda de música.

a b c ch d e f g h i j k l ll

L l

laberinto

En el juego del *laberinto* hay muchas calles entrecruzadas de modo que es difícil dar con la salida.
También se llama *laberinto* a una cosa muy complicada.

labio

Los *labios* sirven
para hablar
y para besar
y para besar
y para sonreir
y para tener
la boca cerrada.

lado

Mateo está al *lado* de Enrique en la cama.

ladrar

El perro grande no *ladra.*
El pequeño está todo el día dando ladridos.

ladrillo

Muchos edificios son de *ladrillos.*

lago

Un *lago* es agua rodeada de tierra por todas partes. La gente se baña y monta en barca en los *lagos.*

lágrima

Al llorar, nos salen *lágrimas* de los ojos.

lamer

La gata *lame* al gatito.

La niña está *lamiendo* el caramelo.

lámpara

Las *lámparas* dan luz cuando se encienden. Sobre mi mesilla hay una *lámpara*.

lana

La *lana* se saca de las ovejas. Las ropas de *lana* son calentitas.

lápiz

Los *lápices* son para escribir o para pintar.

largo

El pelo de Ramona es *largo*.

La cola del canguro es *larga*.

lata

Las *latas* sirven para conservar cosas.

¿Qué hay en esta *lata*?

lavadora

Hoy día se utilizan *lavadoras* eléctricas para no tener que lavar la ropa a mano.

lavar

Luisa se *lava* las manos antes de comer. Después *lavará* los cacharros.

lazo

El paquete tenía un *lazo* amarillo.

leche

La *Leche* se saca de las vacas. Los niños tienen que beber *leche* todos los días para estar sanos.

a b c ch d e f g h i j k l

lechuga

La *lechuga* es un vegetal
de hojas verdes.
Se come.

leer

Sara está *leyendo* un libro.

Faustino lo *leyó* ayer.

lejos

Carlos vive *lejos* de la playa.
Tiene que andar mucho
para llegar a la playa.
El barco está muy *lejos*.

lengua

La *lengua* te sirve
para hablar.
También te sirve
para saber
a qué saben
las cosas.

lentitud

Los caracoles caminan con
lentitud.
Hacer las cosas con *lentitud* es
hacerlas muy despacio.

león

El *león* es un
animal salvaje.
Los *leones*
comen carne.

letra

Las palabras
están hechas
con *letras*.
¿Con qué *letra*
empieza tu nombre?

levantar

Papá *levanta*
a mi hermana.

libre

Un pájaro está en la jaula.
El otro es *libre*.

libreta

Una *libreta* es un cuaderno
pequeño para tomar notas o
apuntes.

libro

Tu *libro* está sobre la mesa.

Algunos *libros* tienen dibujos; otros, sólo letras, y otros, dibujos y letras.

liebre

La *liebre* es un animal pequeño, muy veloz y con unas orejas muy grandes.

ligero

Estas cosas son *ligeras*. No pesan.

limón

El *limón* es una fruta. Los *limones* son ácidos. A Nacho le gusta el zumo de *limón* con azúcar.

limosna

Los pobres piden una *limosna* por las calles.

limpiar

Papá *limpia* el garaje.

Miguel tiene la cara *limpia*. Acaba de lavársela.

limpio

Juan siempre lleva las manos *limpias*, es un chico muy aseado. *Limpio* es lo contrario de sucio.

línea

Catalina pintó una *línea* roja. Hay una *línea* amarilla sobre la carretera.

linterna

Con las *linternas* podemos ver de noche.

líquido

El agua es un *líquido*, el vino, el aceite y el vinagre también. Los *líquidos* no se pueden coger con las manos.

a b c ch d e f g h i j k l

liso

El guijarro es *liso*.

listo

La familia está lista
para irse de viaje.
Todos llevan
lo que necesitan.
Pedro es *listo*.
Ha hecho bien
la multiplicación.

litera

Una *litera* son dos camas juntas,
una encima de la otra para
ahorrar espacio.

litro

El *litro* se utiliza para medir
líquidos y equivale, poco más
o menos, al kilo.
También se utiliza para medir
ciertos áridos como granos
y legumbres.

lobo

Un *lobo* parece
un perro grande.
Los *lobos*
son animales
salvajes.

locomotora

Una *locomotora* es una máquina.
Esta *locomotora*
está enganchada
a varios vagones.

loro

Los *loros* son unos pájaros de
vistoso colorido y que,
a veces, pueden imitar los sonidos
de la voz humana.

luna

Muchas noches se
puede ver la *luna*.
¿Es siempre igual?
Los astronautas
pasean
por la *luna*.

lunes

El *lunes* es el primer día
de la semana.

luz

De día hay *luz*.
La *luz* viene
del sol.

LL ll

llamar

La madre *llama* a sus hijos.

Andrés se *llama* García de apellido.

llave

Las *llaves* sirven para cerrar las puertas.

llegar

Luis *llega* a casa por las tardes.
Llegar es lo contrario de marcharse.

llenar

El niño *llenó* el cubo de arena.

lleno

El vaso está *lleno* de limonada.
¿Qué pasaría si la niña echase más?

llevar

Mamá le pidió a Julia que *llevara* los platos.

David *lleva* la silla.

¿Qué *lleva* el perro?

Cuando vamos de viaje *llevamos* maletas con ropas.

Papá *lleva* los paquetes.

Este animal *lleva* a sus crías sobre su espalda.

llorar

El niño *llora* porque tiene hambre.
También *llora* cuando siente frío o calor.

llover

Llueve mucho.
La *lluvia* son gotas de agua.
Cae de las nubes.
Llueve más en invierno.

a b c ch d e f g h i j k l ll

M m

madera

Todas estas cosas
son de *madera*.
La *madera* se saca
de los árboles.

madre

Esta es la *madre*
de Marta
También es la *madre*
de Paco.
Marta y Paco
son sus niños.
Le llaman mamá
y la quieren
y respetan mucho.

maduro

La manzana
está *madura*.
Ya se puede comer.

maestro

El *maestro* enseña las lecciones
a los niños, es su amigo.
Tambien se les llama *maestros*
a algunos artistas.

mágico

Las hadas hacen
cosas *mágicas*
en los cuentos.

mago

Los *magos* hacen
trucos que parecen
mágicos.

maíz

El *maíz* es un vegetal
con granos.

Muchos animales
comen maíz.

mal

Pedro hizo *mal* el problema,
por eso le dieron una *mala* nota.
Mal es lo contrario de bien.

malo

¿Se porta *mal* tu perro?
Hizo un día muy *malo*
para ir al campo
a merendar.

mancha

Elena se llenó
el vestido de *manchas*

manera

Su padre le enseña
a Gaspar la *manera*
de hacer volar la cometa.
Le enseña
a manejarla.

manga

Luisa dio un tirón de la *manga*
del jersey de Mercedes.
La *manga* es la parte del vestido
que cubre el brazo.

manguera

El agua va por la *manguera*
y riega.

Los bomberos usan
mangueras.

mano

Tú tienes cinco dedos
en cada *mano*.

manojo

Un *manojo* de llaves,
un ramo de flores,
dos racimos de uvas.

manopla

Las *manoplas*
son para las manos.
Una *manopla* tiene un
sitio para cuatro dedos
y otro para el pulgar.

manta

Una *manta* da calorcito.
Estos niños se tapan
con *mantas*.

mantequilla

La *mantequilla* es un alimento
que se saca de la leche.
Marta unta la tostada
con *mantequilla*.

manzana

La *manzana* es una fruta
que crece en un árbol.
Las *manzanas* pueden ser
de varios colores.

manzanilla

A muchas personas les gusta
tomar *manzanilla* de vez en cuando.
La *manzanilla* es una infusión
medicinal.

a b c ch d e f g h i j k l ll

mañana

El sol sale por la *mañana*.
Mañana es lunes.
Hay que ir al colegio.
No quiero.

mapa

Los *mapas* sirven para saber dónde está cada sitio.
¿Has encontrado alguna vez el *mapa* de un tesoro?

máquina

Las *máquinas* nos ayudan a trabajar.
Hay muchas *máquinas*.

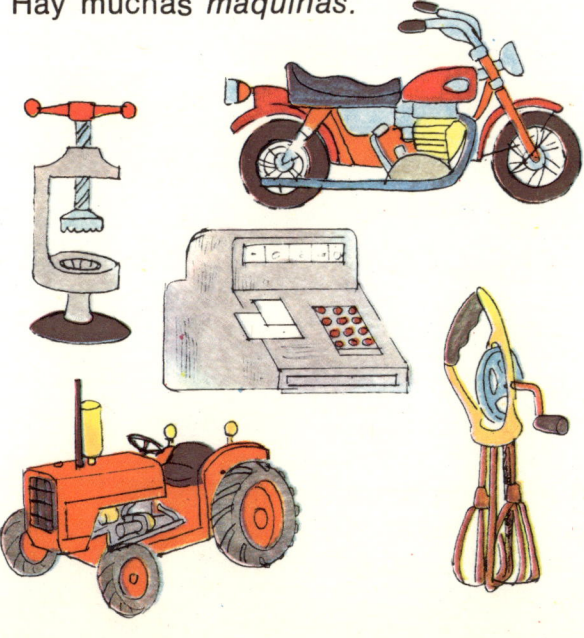

máquina de coser

Con una *máquina de coser* se cose más deprisa.

mar

En el *mar* viven muchas, plantas y animales.
Su agua es salada.
Muchos animales *marinos* tienen concha.
Los barcos navegan por el *mar*.

a b c ch d e f g h i j k l

marchitar

Cuando una flor se *marchita*, se seca, pierde su bonito color y se muere.

marioneta

Las *marionetas* son muñecos que se mueven con cuerdas.

mariposa

Las *mariposas* son unos insectos con unas alas muy vistosas que revolotean de flor en flor.

marrón

El *marrón* es un color.
Aquí se ve un pájaro *marrón*,

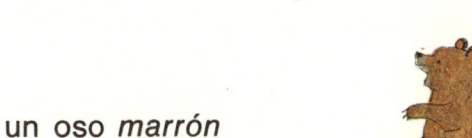

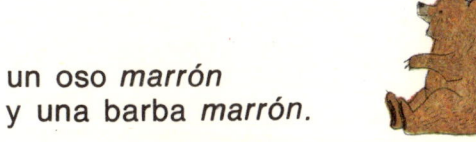

un oso *marrón* y una barba *marrón*.

martes

El *Martes* es el segundo día de la semana. Va después del Lunes.

martillo

Un *martillo* es una herramienta que sirve para clavar.

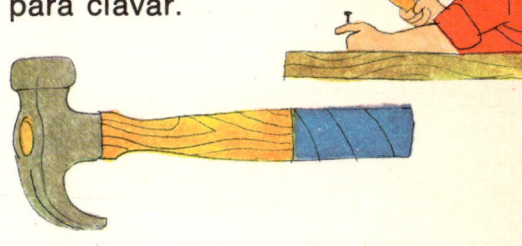

marzo

Marzo es un mes.
Algunos años
Semana Santa es en *Marzo*.

más

Alfonso quiere *más* pastel.
Quiere otro trozo.
Cuanto *más* come,
más quiere.

máscara

Nadie sabrá quien eres si te pones una *máscara*.

matorral

Un *matorral* es una planta. Algunos tienen flores muy bonitas.

mayo

Mayo es el mes que va después de Abril.

mayoría

Pedrito se comió la *mayoría* del pastel. A la *mayoría* de la gente le gustan los dulces.

mazorca

Algunas personas comen *mazorcas* de maíz.

medias

Las *medias* quitan el frío de las piernas. Me comeré *media* manzana. Me comeré la mitad de la manzana.

medicina

A veces tomamos *medicinas* para ponernos bien.

médico

Los *médicos* hacen que la gente tenga buena salud.

medio

El botón del *medio* es rojo.

mediodía

El *mediodía* es la mitad del día. Los relojes marcan las doce al *mediodía*.

medir

Los niños se *miden* los unos a los otros. Quieren saber cómo son de altos.

a b c ch d e f g h i j k l ll

102

medusa

Una *medusa* es un animal acuático. No tiene, ni cabeza, ni cola, ni patas.

mejilla

Las *mejillas* del granjero son coloradas.

mejor

Daniel es el *mejor* amigo de Paco. Siempre juegan juntos.

Este libro es *mejor* que el tuyo. Tiene *mejores* dibujos.

melocotón

Un *melocotón* es una fruta. Los *melocotoneros* dan *melocotones*.

melón

El *melón* es un fruto grande, de color verde y muy jugoso; por dentro tiene muchas pepitas que también se pueden comer.

mellizo

Dos hermanos son *mellizos* cuando han nacido al mismo tiempo.

memoria

La *memoria* nos sirve para acordarnos de las cosas que hacemos.

mentir

Un niño *miente* cuando dice cosas inventadas o que no son verdad, para engañar a alguien.

mentira

Alfonso rompió un plato, pero dijo que había sido su hermano. Dijo una *mentira*.

mercado

Un *mercado* es un sitio donde se compra todas clases de comidas. Algunos *mercados* se llaman supermercados.

merienda

Muchos niños toman la *merienda*
a media tarde.
Se comen un bocadillo
y un vaso de leche.

mermelada

Las *mermeladas* son dulces.
Se hacen con frutas
y azúcar.

mes

Doce *meses* son un año.
¿En qué *mes* naciste?

mesa

Una *mesa* es un sitio para comer,
para escribir
o para jugar.
¿Para qué son
estas mesas?

metal

Hay muchas clases
de *metales*.
Las monedas, los
cacharros de cocina,
las latas, son de *metal*.
¿Tienes juguetes
metálicos?

metro

El *metro* es una medida pequeña
de longitud.
En algunas ciudades también
hay un *metro*: tren subterráneo
para transportar pasajeros.

mezclar

Mamá *mezcla* guisantes
y zanahorias.
Luego *mezcla*
la sal.

miedo

Se siente *miedo* cuando hay algo
que nos asusta.
Unos tienen *miedo* a la oscuridad,
otros pueden tenerlo a los perros.

miel

Las abejas hacen *miel*.
¿Te gusta el pan con *miel*?

miércoles

Miércoles es un día
de la semana.
Va después
del Martes.

a b c ch d e f g h i j k l ll

miga

Las *migas* son trocitos
de comida secos.
El pan, las galletas,
los dulces,
dejan migas.

mina

Una *mina* es un lugar,
generalmente subterráneo, en el
que se sacan diversos minerales
útiles al hombre.

mineral

Los *minerales* son las rocas,
las piedras y demás sustancias
sin vida que hay en la Tierra.
De algunos *minerales* se obtienen
productos muy valiosos.

minuto

Un minuto tiene
sesenta segundos.
Hay sesenta *minutos*
en una hora.

Mi reloj cuenta los *minutos*
con una manecilla
que se llama minutero.

mirar

Pepe dice:
"*Mira* al paracaidista".

mitad

Todas estas cosas
está partidas
por la *mitad*.
han sido cortadas
en dos partes
iguales.

El papel está doblado
por la *mitad*.

La *mitad* de cuatro
son dos.

mojarse

Andrés, Alicia y su perro
están *mojados*.
Se *mojaron*
en la lluvia.

moler

Para hacer el pan hay que *moler*
la harina.
Moler es machacar algo hasta
dejarlo hecho polvo.

molino

El maíz se convierte en harina en los *molinos*.

moneda

Si tienes muchas *monedas*, serás rico.
El dinero puede estar en papel o en *moneda*.

mono

Los *monos* son animales parecidos a nosotros.
Algunos *monos* pueden andar de pie.

montaña

Una *montaña* es como una colina, pero más grande.
En algunas *montañas* hay nieve siempre.

montar

Marcos *monta* en barca a menudo.

morado

El *morado* es un color violeta que está entre el rojo y el azul.

morder

Alguien dio un *mordisco* a la manzana.
También *mordió* la galleta.

morir

Cuando algo *muere* deja de tener vida.
Todos los seres vivos *mueren* cuando envejecen.

mosca

Una *mosca* es un insecto.

mosquito

Los *mosquitos* son unos insectos muy pequeñitos y molestos que, a veces, nos pican.

mostrar

Lucía le *muestra* su nuevo vestido a Isabel.
Dinos los colores de sus vestidos.

motor

Un *motor* es una máquina.
Sirve para mover cosas.

a b c ch d e f g h i j k l

moverse

Las manecillas del reloj se *mueven*.
El elefante *mueve* la piedra.

mucho

Hay *muchos* pájaros en la jaula.
¿Cuántos son?
La jaula tiene *muchos* barrotes.

mueble

La mayoría de las habitaciones tienen *muebles*.
¡Mira cuántos *muebles* distintos!

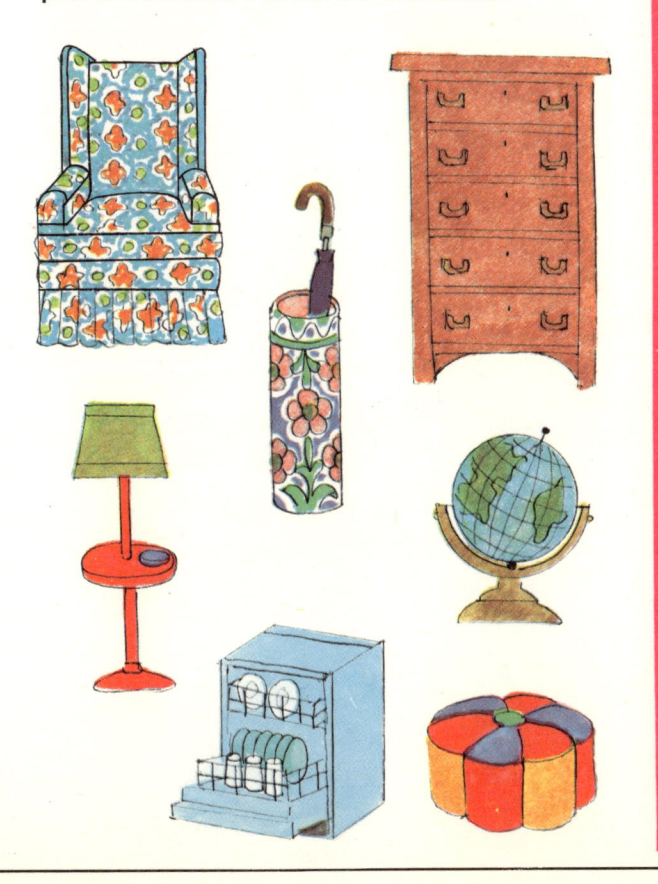

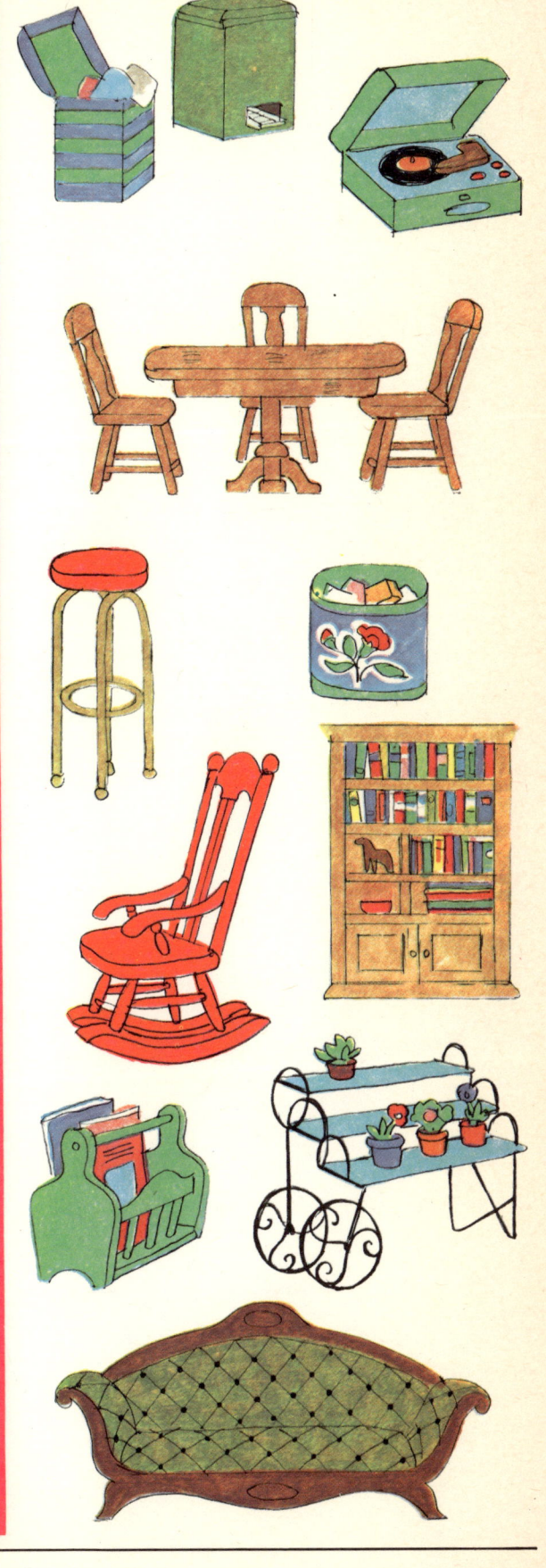

muela

La *muela* es un diente muy gordo que sirve para masticar las cosas que comemos.
También se llaman *muelas* a las piedras que muelen el trigo en los molinos.

mujer

Estas *mujeres* están comiendo.
Las madres son *mujeres*.
Dorita será una *mujer* cuando crezca.

multiplicar

Multiplicar es hacer la operación aritmética llamada *multiplicación*.

mundo

Hay mucha gente en el *mundo*.
Hay mucha gente en la Tierra.

muñeca

Tócate una de las *muñecas*.
¿Puedes doblarla?

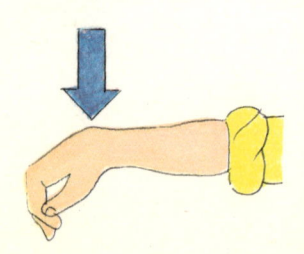

muralla

Los niños construyeron una *muralla* alrededor del castillo.

murciélago

Los *murciélagos* no ven, pero vuelan.

museo

Puedes ver muchas cosas en los *museos*.
Aquí hay algunas de las que están en diferentes *museos*.

música

La *música* está hecha de sonidos.

muy

El pelo de Tina es largo.
El de Rita, *muy* largo.

a b c ch d e f g h i j k l ll

N n

nada

La bolsa estaba llena
de almendras.
Nos las comimos.
Ahora ya no queda *nada*.

nadar

Los peces *nadan* en el mar.
Víctor *nada* en la piscina.
Va a *nadar* todos los Sábados.

nadie

La silla está vacía.
Nadie está sentado
en ella.

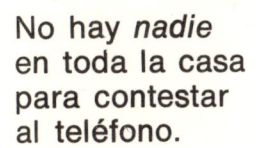

No hay *nadie*
en toda la casa
para contestar
al teléfono.

naranja

Las *naranjas*
son frutas dulces
y con mucho zumo.

Las *naranjas* son
de color *naranja*.

nariz

Tu *nariz* te sirve
para oler
y para respirar.

nata

La leche tiene *nata*.
¡Mamá, no me eches
nata en la taza!

navegar

La barca *navega*
por el lago movida
por el viento.

navidad

En *Navidad* hay vacaciones
y te regalan cosas.

La fiesta de
la *Navidad*
conmemora
el nacimiento
de Jesús.

m n ñ o p q r s t u v x y z

109

necesitar

Daniel *necesita* zapatos nuevos.
El perro *necesitaba* un baño.
Le hacía falta bañarse, estaba muy sucio.

negar

Pedro *negó* haber roto la jarra de porcelana.

negro

El carbón es *negro*.

El gato es *negro*.

La palangana es *negra*.

neumático

Hay que cambiar el *neumático*.

Braulio hincha los *neumáticos* de su bicicleta.

nevar

Ha *nevado* durante todo el día.
Todo está cubierto de *nieve*.

nevera

Una *nevera* sirve para conservar la comida.

nido

Muchos animales hacen *nidos*.

¿Has visto alguna vez un *nido* de ardillas,

o de petirrojos o de hormigas?

niebla

La *niebla* son nubes cerca del suelo.
Cuando hay *niebla* es difícil ver.

ninguno

Ninguno de los perritos tiene la cola larga.

Ninguna de estas flores es roja.

niño

El que está de pie es un *niño*.
La de la izquierda es una *niña*.

no

¿Puedes juntar las dos mitades del huevo?
La respuesta es *no*.

No hay hilo verde.

noble

Lucas es muy *noble* y leal con sus amigos.

noche

Se hace de *noche* cuando el sol se pone.
Está oscuro por las *noches*.

nombre

Los niños tienen carteles con sus *nombres*.
¿Tu *nombre* es como alguno de los de ellos?

norte

Anselmo señala al *norte*.
Señala a la Estrella Polar.

nota

Mamá ha dejado una *nota* para Ricardo.
Una *nota* es una carta corta.
¿Te han dado ya las *notas*? No.

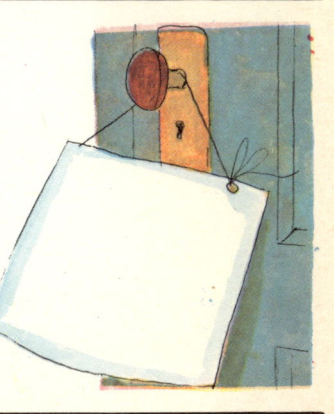

noticia

Papá escucha las *noticias*.
Quiere saber lo que pasa.
En el periódico y en las revistas hay *noticias*.

noviembre

Noviembre es el penúltimo mes del año.

nube

¡Mira qué *nube* tan grande!
Las *nubes* tapan el sol.

nudo

Nicolás le hizo un *nudo* a la cuerda para que el paquete no se abriese.

nueve

Nueve es una cantidad.

Nueve niños juegan al corro.

Hay *nueve* galletas en el plato.

nuevo

El vestido de Lucía es *nuevo*.
Se lo compró ayer.

Carlos tiene una Bicicleta *nueva*.

nuez

La *nuez* es un fruto seco muy rico que produce un árbol llamado nogal.
Las *nueces* tienen una cáscara muy dura.

número

Dos es *número* pequeño.
Di un *número* grande.
Este es el *número* telefónico de Enrique.
¿Sabes tú el tuyo?

983-2114

nunca

Marcos *nunca* juega al fútbol, no le gusta.
Nunca es lo contrario de siempre.

a b c ch d e f g h i j k l

Ñ ñ

ñandú
El *ñandú* es un ave parecida al avestruz que vive en América.

ñato
En América llaman *ñato* al perro que tiene corta la nariz.

ñoño
Felipín es *ñoño*, dice muchas tonterías y necedades.
Todos se ríen de las personas *ñoñas*.

O o

oasis
El *oasis* es un lugar en medio del desierto donde hay agua y vegetación.

obeceder
El perro *obedece* al niño.
Hace lo que él quiere.

objeto
Cualquier cosa puede ser un *objeto;* un cuchillo, una mesa y un lápiz, son *objetos.*

obra
Eduardo y Guillermo hacían de caballo en la *obra* de teatro.

obtener
De la uva se *obtiene* el vino; *obtener* es lo mismo que "sacar de".

océano
Un océano es un mar muy grande.
Hay muchas cosas en los *océanos.*

m n **ñ o** p q r s t u v x y z

113

ocho

Ocho es una cantidad.
Aquí hay *ocho* estrellas,

ocho pelotas

octubre

Octubre es un mes.
En *Octubre* empieza
el colegio otra vez.

ocupada

Mamá está *ocupada*.
Tiene muchas cosas
que hacer.

ocurrir

Lola no sabe lo que *ocurrirá*
en la siguiente hoja.

¿Qué está *ocurriendo* aquí?

oeste

Sebastián mira al norte.
Su mano izquierda
señala al *oeste*.
El sol se pone
por el *oeste*.

a b c ch d e f g h i j k l

oficina

Estos hombres trabajan
en una *oficina.*
Mucha gente trabaja
en una *oficina.*

oir

La niña *oye* al gato.

¿Has *oído* alguna vez
lo que *oye* Pepe?

ojal

Los botones se abrochan
metiéndolos por el *ojal.*
Adornaba su solapa
con una flor en el *ojal.*

ojo

Los *ojos* son
para ver.

ola

Una *ola* enorme
llega a la playa.

oler

Rosa *huele* una rosa.
¿Qué *olores* te gustan más?

olmo

Un *olmo* es un
árbol bonito.
Hay *olmos*
en toda la calle.

olvidar

Felipe se *olvidó*
de traer el libro.
Ahora no podremos estudiar.

once

Once es un número.
Aquí hay *once* velitas

y *once* pirulís.

ordenar

Carlos *ordena* su cuarto poniendo
cada cosa en su sitio.
Ordenar es parecido a arreglar.

oscuro

Al anochecer
la ciudad
se pone oscura.

¿Cuál de estas faldas es *oscura*?

oreja

Las *orejas*
son para oír.

órgano

Los *órganos*
hacen música.
Este es un *órgano*
de iglesia.
Tiene un
sonido
dulce y
armonioso.

orgulloso

Pablo está muy *orgulloso* por que
ha ganado la carrera.

orilla

La gente se baña en la *orilla*
del mar.
Los ríos y los lagos también
tienen *orillas*.
Orilla es parecido a borde.

oro

El *oro* es un metal
amarillo.
Todas estas cosas
son de *oro*.

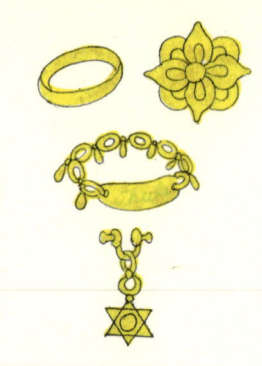

oruga

Una *oruga* parece
un gusano.
Las *orugas* después
se convierten en mariposas
o en polillas.

oso

El *oso* es un animal muy grande,
puede andar como los hombres
y tiene unas garras muy fuertes;
además es muy goloso;
le gusta la miel.

otoño

El *otoño* es una parte del año.
En *otoño* se caen las hojas
de los árboles,
pero todavía no hace
mucho frío.

otro

Un perro es alto.
El *otro* es bajo.

a b c ch d e f g h i j k l ll

otra

María quiere
otra galleta.
Ya tomó una.

oveja

Las *ovejas* están
cubiertas de lana.
La lana de la ropa
se saca de las *ovejas*.

ovillo

Lucía tiene cinco
ovillos de lana
de colores.
La madeja
se hace *ovillo*.

oxígeno

El aire que respiramos
en el campo
tiene mucho *oxígeno*.

P p

padre

Este es el *padre* de Ignacio.
También es el *padre* de Sara.
Sara e Ignacio son sus niños.

pagar

Papá *pagó* los helados.
Dio dinero por ellos.

página

Cada hoja de un libro son dos *páginas*.
¿Cuántas *páginas* tiene este libro?

paja

La *paja* se forma con los residuos de la cosecha del trigo.
Sirve para alimentar al ganado.

pájaro

Los *pájaros* vuelan y cantan entre los árboles.
Hay *pájaros* de muchas formas y colores.

pala

Alberto quita la nieve con una *pala*.
La *pala excavadora* puede hacer más trabajo que cualquier hombre.

palabra

Hablamos con *palabras*.
Escribimos *palabras*.
Los idiomas están compuestos de *palabras*.
Las *palabras* expresan pensamientos.

paladar

El *paladar* es la parte de la boca que está encima de la lengua.

palma

Aquí ves la *palma* de la mano.

palo

Tomás pinchó la salchicha en el *palo*.

Los niños cogieron *palos* para hacer un fuego.

a b c ch d e f g h i j k l ll

paloma

Una *paloma* es un ave.
A veces hay *palomas*
en las ciudades.
Comen lo que pueden.

palomita

¿Te gustan
las *palomitas*?

palpar

Cuando no hay luz, *palpamos*
con las manos para no tropezar.
Palpar es tocar algo para
saber cómo es sin verlo.

pan

Yo como mucho *pan*.
¿Quieres *pan*
con mermelada?

panadería

La *panadería* es la tienda donde
se puede comprar el pan.

panal

El *panal* lo construye la abeja
con cera y luego deposita
en sus celdillas la miel.
Sus formas son perfectas.

pantalón

El *pantalón* es una prenda
de vestir.
Hay *pantalones* de muchas
clases, cortos, largos, vaqueros,
de lana, etc...

pantano

Los *pantanos* son unos lagos
hechos por el hombre al poner
una presa en un río.

pañuelo

Un *pañuelo* es un trozo
de tela cuadrado.
Los *pañuelos* sirven para
secarse las lágrimas
o para sonarse la nariz.

papel

El *papel* sirve
para escribir,
para pintar
o para envolver.
Las páginas
de este libro
son de *papel*.

papelera

Las *papeleras* se colocan para que las calles y los edificios estén limpios.
Las basuras se deben echar siempre en las *papeleras*.

paquete

El vestido nuevo de Teresa está en uno de los *paquetes*.
¿En cuál?

par

Dos cosas son un *par*.
Un *par* de manoplas,
un *par* de aves.

para

El libro es *para* tí.
Me agarré a mi madre *para* no caerme.

paracaídas

El *paracaídas* impide que el piloto caiga muy deprisa.

paraguas

Un *paraguas* sirve para resguardar de la lluvia o del sol.

Los *paraguas* pueden abrirse y cerrarse.

parar

El hombre hace que los coches *paren*.

Cuando *para* de llover, sale el arco iris.

pararrayos

Los *pararrayos* son unas varillas especiales que se ponen en las casas para que no caiga ningún rayo sobre ellas.

parche

La chaqueta tiene *parches* en los codos.

A menudo un *parche* tapa un agujero.

pardo

El color *pardo* es parecido al marrón pero más obscuro.

120

pared

Hay varios dibujos en la *pared*.

Pepito colorea láminas y las coloca en la *pared*.

párpado

Los ojos tienen párpados que bajan cuando dormimos.

parque

Manuel y Ramón juegan en el *parque*.

parte

Lola se comió sólo una *parte* de la manzana. No se la comió toda.

¡Cuántas *partes* distintas tiene un aeropuerto de juguete!

pasar

Por favor, *páseme* la mermelada.

El coche rojo *pasa* al azul.

pasarela

Para subir a los barcos hay una escalerilla muy estrecha que se llama *pasarela*.

pasear

Alfredo *pasea* a su perro. Los dos dan un gran *paseo* todos los días.

pastel

El *pastel* es un dulce hecho con masa de harina y que se suele recubrir de crema o chocolate.

pastor

Los *pastores* pasan mucho tiempo en el campo cuidando de las ovejas.

pata

¿Cuántas patas tienen estos animales?

m n ñ o **p** q r s t u v x y z

patata

La *patata* es un vegetal.
¿Te gustan
las *patatas*?

patín

Los *patines* se ponen en los pies
para patinar.
Hay *patines* de ruedas, para
cemento y *patines* de cuchillas
para hielo.

patinar

A Lula le gusta *patinar*.
Sus padres le regalaron
unos *patines*
por su cumpleaños.

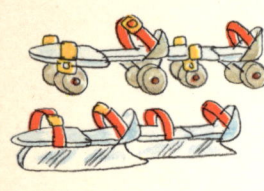

patinete

Miguel puede ir
muy deprisa
en *patinete*.

patio

El *patio* de mi casa
tiene flores.
En el colegio hay
un *patio* grande
para jugar.

pato

El *pato* es un ave de color
blanco que lo mismo vuela por
los aires, que nada
estupendamente en el agua.

patria

Tu *patria* es la nación donde
has nacido.
La *patria* es una cosa muy bella.

pavo

Los *pavos* son
aves grandes.
Los *pavos* se comen.
Tienen
plumas
de muchos
colores.

payaso

Los *payasos* hacen reír
a la gente.
Los *payasos* trabajan
en los circos.

pecho

Ponte la mano
en el *pecho*.

a b c ch d e f g h i j k l

122

pedazo

Carmen se come un *pedazo* de pastel.

Con el cuchillo se parten *pedazos*.

La taza se rompió en mil *pedazos*.

pegar

Ana *pega* los animales en el papel. Usa *pegamento*.
Me *pegó* mi madre.
Me dió un tortazo.

peinarse

Ana se *peina*.
Su *peine* es rojo.

peine

Luisa es muy coqueta y siempre tiene un *peine* en la mano para peinarse.

pelearse

El perro y el gato se *pelean*.

Los niños a veces se *pelean*.

película

Una *película* son fotos en movimiento. Papá ha puesto una *película* que nos hizo.

peligro

Si vas a donde están trabajando, tienes que tener cuidado. Estarás en *Peligro*, puedes tener un accidente.

pelo

El *pelo* nos crece en la cabeza.

pelota

Nos lo podemos pasar muy bien con una *pelota*.

¿Sirven todas estas *pelotas* para jugar?

pensar

Pedro *piensa* que ya puede montar en bicicleta. Sus padres también lo *piensan*.

peonza

A muchos chicos les gusta jugar a la *peonza*.
La *peonza* es de madera y tiene una punta de hierro; se le hace bailar enrollándole una cuerda a su alrededor y tirando de ella.

peor

El perro de Mario es *peor* que el de Luis, pero él lo quiere mucho.

pequeño

Papá se compró un coche *pequeño*. No es tan grande como el de antes.

El triciclo es demasiado *pequeño* para Rodrigo.

pera

La *pera* es una fruta. Las *peras* crecen en unos árboles que se llaman *perales*.

perder

Andrea *perdió* un botón.
El gato de Ramón se había *perdido*, pero ya lo encontró.
El equipo de papá está *perdiendo* el partido.

Pitita *perdió* el autobús.
Mi padre *perdió* las cerillas.
No sabe dónde están.

perezoso

Carlos es muy *perezoso*, siempre se está en la cama hasta muy tarde y nunca estudia. También hay un animal que se llama *perezoso* porque apenas se mueve en todo el día.

permitir

Papá nos ha *permitido* venir de excursión, pero el tiempo no nos *permite* bañarnos; el profesor nos *permitirá* jugar al fútbol.

periódico

Las noticias vienen en el *periódico.*

Los *periódicos* suelen ser diarios.

perla

Las *perlas* son unas joyas redondas que se producen en el interior de cierto tipo de ostras.

pero

El gatito es pequeño, *pero* no lo suficiente como para meterse en la madriguera del ratón.

pertenecer

Las botas rojas son de Jorge. Le *pertenecen.*

perro

Los *perros* ladran. Unos *perros son* grandes y otros, pequeños.

pesado

El libro es demasiado *pesado* para el niño. No puede levantarlo.

pescar

Los niños *pescan.* Quieren coger peces.

peso

José se pesó en un *peso* y tenía veinticinco kilos de *peso.* Un *peso* es, también, una moneda americana.

petróleo

El *petróleo* es un líquido negro que se extrae del interior de la tierra.
Del *petróleo* se obtiene la gasolina y otros muchos productos.

pez

Los *peces* viven en el agua.

piano

Un *piano* hace música.
Lulia toca el *piano.*

El *piano* tiene teclas blancas y negras.

Ana tiene un *piano* de juguete.

picar

¿Te ha *picado* alguna vez un mosquito?

Mamá pica las zanahorias.

pico

El petirrojo tiene una cereza en el *pico.*

pie

Todos tenemos cinco dedos en cada *pie.*
Los *pies* nos sostienen.

La ardilla está al *pie* del árbol.
Ha encontrado una bellota.

piedra

Una *piedra* es un trozo de roca.
En el suelo hay *piedras.*
Son de granito o de arena.

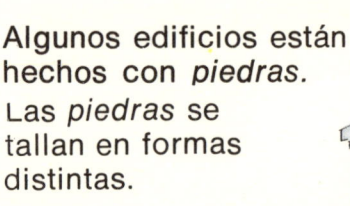

Algunos edificios están hechos con *piedras.*
Las *piedras* se tallan en formas distintas.

piel

Tu cuerpo está cubierto de *piel.*
La gente de distinto color tiene *piel* distinta.

Los melocotones tienen *piel.*
Muchos animales tienen *piel.*

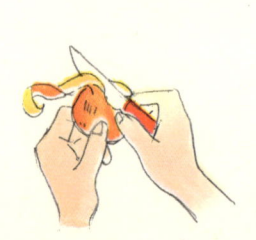

a b c ch d e f g h i j k l

126

pierna

Nos movemos con las *piernas*.

piloto

El *piloto* de un avión es el que lo conduce. Los barcos también tienen *pilotos*.

pincel

Para pintar un cuadro se necesita *pinceles*.

pino

El *pino* es un árbol que tiene hojas todo el año.

pintar

Jorge *pinta* de rojo su carrito.

pintor

Juan, de mayor, quiere ser *pintor;* le gusta mucho pintar y lo hace muy bien.

piña

La *piña* es una fruta. Está muy rica.

pipa

A muchos señores les gusta fumar en *pipa*.
La *pipa* es de madera, se echa el tabaco en un cubilete y se aspira por un tubito.

piscina

Las *piscinas* sirven para nadar.
Algunas *piscinas* están bajo un techo, otras, al aire libre.

pizarra

El maestro escribe cosas en la *pizarra,* los niños también; la *pizarra* sirve para aprender mejor las cosas.

plancha

Mamá *plancha* la ropa con la *plancha* eléctrica.
También se llama *plancha* a una lámina grande de hierro.

planchar

Esta mujer está *planchando* una camisa con una *plancha* eléctrica.

planear

Lourdes está *planeando* cómo será su fiesta de cumpleaños.
Piensa a quiénes va a invitar, a qué van a jugar, qué van a comer.

planeta

Los *planetas* son astros que no tienen luz propia, sino que la reciben del Sol o de otra estrella.

plano

La tabla de la mesa es *plana*.
La acera y el suelo son *planos*.

plantar

Pepe y su padre *plantan* un árbol.
Las petunias salieron de una semilla que enterró Pepe.
Hay muchas clases de *plantas*.

plástico

Muchas cosas son de *plástico*.

Los animales de juguete son de *plástico*.

a b c ch d e f g h i j k l

128

plata

La *plata* es un metal. estas cosas son de *plata*.

plátano

El *plátano* es una fruta. Los *plátanos* son amarillos por fuera y blancos por dentro.

plato

Los *platos* sirven para comer en ellos.

playa

Casi todas las *playas* son de arena.
Las *playas* están a la orilla del mar, de un río o de un lago.

pluma

Los pájaros tienen *plumas*.
Una *pluma* es suave y ligera.
Algunas personas escriben con *plumas*.

pobre

Las personas *pobres* no tienen dinero; algunos *pobres* tienen que pedir limosna por las calles.

poco

Poco significa no mucho.
Aquí hay *pocas* rosas y muchas violetas.
La Luna da *poca* luz.

policía

Los *policías* se encargan de mantener el orden y de proteger y ayudar a los ciudadanos.

polilla

Una *polilla* es un insecto.
Las *polillas* se parecen mucho a las mariposas.
Vuelan de noche.

pollo

Si no coges los huevos de la gallina, saldrán *pollos*.
Los *pollos* se comen.

polvo

Caridad limpia el *polvo*.
Lo quita con un trapo.

poner

La gallina ha *puesto*
un huevo.
Pon una mano
sobre la otra.

El sol se *pone*
El sol se oculta.

Caridad *pone*
un jarrón de flores
en la mesa.

por

Un camión pasaba
por donde estaba Juan.
El camión era
conducido *por* su tío.

¿por qué?

¿*Por qué* hay que ir al colegio
todos los días?
¿*Por qué* hay que comer?

porque

Antonio no puede ver
el escaparate *porque*
es muy pequeño.
Ayer nevó
porque hacía
mucho frío.

poste

Un *poste* es de madera,
o de metal.
Un rayo tiró el *poste* de la luz.
Los cables del teléfono
se sujetan a los *postes*.

pozo

El agua sale
del *pozo*.
El *pozo* es
profundo.

Un *pozo* de petróleo.
El petróleo
de los *pozos*
se extrae
con bombas.

prado

En los *prados* hay mucha
hierba verde para que puedan
comer las vacas.

a b c ch d e f g h i j k l ll

precio

Todas las cosas que se compran tienen un *precio* que hay que pagar.

pregunta

"¿Cuánto hay de aquí a la Luna?" Esto es una *pregunta*.
Los niños hacen muchas *preguntas*, ¿tú no?

preguntar

El maestro *preguntó:*
¿Quién falta?
¿Cuál fue la *pregunta* del maestro?

premio

Ana ganó un *premio* por su ratoncito.

primavera

La *primavera* es una parte del año.
Está entre el invierno y el verano.

primero

Ana es la *primera* de la fila.
La tortuga grande acabó la carrera en *primer* lugar.

primo

Los niños de tus tíos y tus tías son tus *primos*.
¿Cuántos *primos* tienes?

princesa

La hija de un rey y una reina es una *princesa*.
Algunas *princesas* llegan a reinas.

principio

El *principio* de algo es el momento en que eso comienza.

probar

Sara se prueba un vestido. Quiere ver si le sirve.
Miguel *prueba* el helado. Come un poquito de él.

profesión

Cuando seas mayor tendrás que elegir una *profesión*.
Mecánico, fotógrafo, carpintero o médico, son diversas *profesiones*.

profeta

Los *profetas* hacen profecías en nombre de Dios.
En las profecías se anuncian hechos futuros.

profundo

La piscina de los mayores es *profunda*.
La de los niños, no.

prohibir

En ese cartel pone *"prohibido el paso"*; quiere decir que no se debe pasar por ahí.

prometer

Alfredo *prometió* no salir a la calle.
Su madre sabe que cumplirá su *promesa*.

propio

Paloma tiene su *propio* cepillo de dientes y su *propio* peine.
Son suyos.

proteger

Los padres *protegen* a los niños en sus juegos.
Los mayores también tienen que *protegerse* para no sufrir accidentes.

pudín

Los *pudines* son dulces.
¿Te gustan?

pueblo

Un *pueblo* es una ciudad pequeñita.

puente

¡Mira!: dos *puentes* sobre el río.
Por uno van coches; por el otro, un tren.

puerta

Para entrar o salir
pasamos por las *puertas*.
La *puerta* está abierta.

puerto

Los barcos paran en los *puertos*
para protegerse de las olas
del mar.
En el *puerto* hay barcos
amarrados a los muelles.

pulgar

El dedo gordo
de la mano
es el *pulgar*.

El sitio del *Pulgar*
en la manopla es rojo.

pulmón

Los *pulmones* nos sirven para
respirar, al tomar aire se hinchan
y al expulsarlo se deshinchan.
Los *pulmones* son muy
importantes para la vida:
oxigenan la sangre.
Todos los animales tienen *pulmones*.

pulpo

El *pulpo* es un animal marino
que tiene muchos tentáculos y una
gran cabeza.

punta

Amalia se ha pintado
la *punta* de la nariz.

punta

Los clavos, los alfileres
y los lápices tienen *punta*.

puño

Los boxeadores se dan puñetazos
con los *puños*.
Un *puño* es tener la mano cerrada.

pupitre

Ricardo escribe
sobre su *pupitre*.
Su *pupitre*
tiene una tapa
de madera
y bajo ella guarda
sus lápices y libros.

puro

Una cosa es *pura* cuando no tiene
mezcla ni mancha alguna.
Un *puro* es un cigarro muy grande.

Q q

qué

¿*Qué* hora es?
¿*Qué* tal día hace?
¿*Qué* tal estás?
¿*Qué* vas a hacer?

quebrar

Algunas ramas se *quiebran* cuando hace mucho viento.
Quebrar es parecido a romper.
También se dice *quebrar* cuando una empresa se arruina.

quedarse

Elena se *quedó* en casa este fin de semana. No salió.
El pájaro se *quedó* dormido en su jaula.

quejarse

Loli se *queja* porque le duele una muela.
Pedro se *quejó* de que no le dejaban jugar.
La gente se *queja* cuando tiene dolor.
Algunas personas se *quejan* sin motivo.

quemadura

Si acercas tu mano al fuego se produce una *quemadura* en tu piel.
Las *quemaduras* son muy dolorosas.

quemar

La leña se *quema* en la chimenea para dar fuego y calor.
Quemar es parecido a arder.

El cohete se *quemó* en el aire.

El papel se *quema*.
La tostada se *quemó*.

Mamá dijo: "La sopa está caliente. No te quemes".

Los bomberos algunas veces se *queman* al apagar el fuego.

querer

Quiero mucho a mi mamá.
Quiero mucho a mis hermanos.

querido

A la gente que nos gusta le llamamos "*querida*".
Muchas cartas empiezan con *Querido* o *Querida*.

a b c ch d e f g h i j k l ll

queso

Los *quesos* se hacen
con leche.

Hay muchos tipos
de *quesos*.

quién

Muchas preguntas
empiezan con *quién*.
¿*Quién* es?
¿*Quién* vive al lado?

quieto

Los árboles están *quietos*,
no se mueven de su sitio.
Estarse *quieto* es lo contrario
que moverse.

quilla

La *quilla* es una pieza de hierro
que recorre el fondo de
un barco de punta a punta y sobre
la que se asienta todo el
armazón.

quince

El *quince* es el número que
va después del catorce y antes
que el dieciséis.

quizá

Decimos "*quizá*" cuando
no estamos seguros.
Quizá llueva.

quitar

Luis le *quitó* el lápiz a Pedro.
Ana se *quita* el abrigo al llegar
a casa.

m n ñ o **q** r s t u v x y z

R r

radio

Por la *radio* se oyen noticias, música, concursos, teatro.
Muchos coches llevan *radio*.
La *radio* funciona con electricidad.

raíz

Las *raíces* del árbol están en el suelo.
Cogen agua para el árbol.
Los árboles grandes tienen *raíces* profundas.

rama

Una *rama* es un trozo de un árbol.
Un árbol grande tiene muchas *ramas*.
Las *ramas* se llenan de hojas en Primavera.

rana

La *rana* es un animal que vive sin salir del agua hasta que se hace grande.

rápido

Blanca es muy *rápida*.
Seguro que coge el jarrón antes de que caiga al suelo.

raro

Miguel es un chico muy *raro*, no habla nunca.
Una cosa *rara* es una cosa que se ve muy poco.

rascacielos

Los *rascacielos* son unos edificios muy altos que tienen hasta ciento cincuenta pisos.

rascarse

El perro se *rasca*.

rastrillo

Los niños recogen las hojas.
Usan *rastrillos*.

a b c ch d e f g h i j k l ll

rata

Las *ratas* tienen pelos en el hocico y cola larga.
Parecen ratones grandes.

Las *ratas* no son amigas de los niños.

ratón

Los *ratones* son pequeños animales de cola larga.

raya

Aquí puedes ver cuatro cosas a *rayas*.
¿Cuál tiene una *raya* roja?

rayo

En las tormentas se producen *rayos*.

reactor

Los *reactores* vuelan muy deprisa.
Sus motores producen gases muy calientes.

real

¿Cuál es el oso *real*?
¿Cuál es el oso de verdad?
Un *real* es una moneda antigua española.

rebaño

Las ovejas van en *rebaños* por el campo.
Un pastor cuida del *rebaño*.

recipiente

Un *recipiente* es un vaso o jarra que sirve para meter cosas.
Lolita lleva aceite en un *recipiente*.

recitar

Luisa *recitó* una poesía en clase.
Los niños dijeron que *recitaba* muy bien.

recordar

Aurelia *recordó* el cumpleaños de María. No se olvidó.
¿*Recuerdas* lo que comiste ayer?

recto

La línea es *recta*.
El camino es *recto*.

red

Los pescadores usan unas *redes* muy finas para pescar.
También se utilizan *redes* para colocar en las porterías de fútbol, para hacer bolsas de la compra y para muchas otras cosas.

redondo

La pelota es *redonda*,

el aro, también.

La Luna llena es *redonda*.
Tu anillo es *redondo*.

regalo

Tío Javier le da un *regalo* a Alicia.
¿Sabes cuál es?

regla

Una *regla* sirve para medir y para dibujar líneas rectas.

reina

La esposa del rey es la *reina*.
A veces la *reina* es la que manda.

reirse

Carlos se *ríe*, algo le ha hecho mucha gracia.
Tiene una *risa* muy potente.
Los payasos del circo nos hacen *reír*.

reloj

Los *relojes* sirven para saber la hora.
Hay *relojes* de bolsillo, de muñeca y de pared.

reja

Las *rejas* son de hierro y se utilizan en las vallas de los parques y jardines.

remar

Jaime ayuda a su padre a *remar*.
La barca avanza cuando se *rema*.
Usan *remos*.

remo

Los *remos* son una especie de
paletas grandes con
los que se impulsan los barcos
de *remo*.

reno

Los *renos* viven en sitios
muy fríos.
Son parecidos a los ciervos.

reñir

Los dos amigos se enfadaron
y *riñeron*.
El maestro *riñó* a Juan por no
atender en clase.

repetir

El niño le dice
a su padre:
"*repítelo*, por favor".
Pero su padre
se cansa.

reptil

Los *reptiles* son una especie de
animales de sangre fría
y que andan reptando,
es decir, arrastrando el vientre.

resbalar

José *resbaló* en el hielo y se cayó.
Los chicos se *resbalan* por
el tobogán y se divierten mucho.

resfriado

Félix está *resfriado* y no ha podido
venir a jugar.
Los *resfriados* se cogen cuando
hace frío.

resistir

El camión *resiste*
el peso de las piedras.
No se rompe.
Es muy *resistente*.

respirar

Respirar es tragar aire
y luego echarlo fuera.
Se *respira* por la nariz
y la boca.

responder

Papá *respondió* al teléfono.

¿Qué es algo que tiene un ojo, pero no puede ver? ¿Sabes cuál es la *respuesta* a este acertijo?

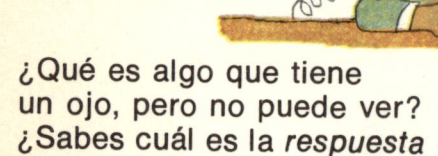

"Respuesta: una aguja".

restar

Si a tres caramelos les *restas* dos, queda uno.
Restar es como quitar.

restaurante

La familia de Carmen está comiendo en un *restaurante*.

resto

Isabel tenía cincuenta pesetas. Se compró un cuento con la mitad. Ahorró el *resto*.

retrato

El *retrato* es una fotografía de una persona que se coloca expresamente para ello.

reunirse

Los músicos de la banda se *reunieron* ayer para tocar.

reventar

Charo infló tanto el globo que lo *reventó*.
Las burbujas *revientan* cuando se hacen grandes.

revista

Una *revista* es como un libro, pero con menos hojas.

a b c ch d e f g h i j k l

140

rey

Un *rey* es el que dirige un país. A veces, los *reyes* utilizan coronas y se sientan en su trono para mandar.

rincón

Un *rincón* es un lugar apartado, que no está a la vista; normalmente, *rincón* se refiere a la esquina de dos paredes con el suelo.

río

Las aguas de los *ríos* van a parar al mar. Algunos *ríos* son tan hondos que pueden navegar barcos grandes por ellos.

rizo

El pelo del perro está lleno de *rizos*. Está *rizado*.

roble

Los *robles* son unos árboles muy fuertes. Viven muchos años. Hay de muchas clases. Las semillas de los *robles* van dentro de las bellotas.

roca

Esta montaña es *rocosa*. Es de *rocas*. Esta *roca* es de la luna.

rocío

Algunas mañanas la hierba está cubierta de *rocío*. Una gota de *rocío* es una gotita de agua.

rodilla

Señala tu *rodilla*.

El niño se hizo heridas en las *rodillas*. Las *rodillas* nos ayudan a caminar.

rojo

El *rojo* es un color.

Rosa *roja*,

corazón *rojo*,

establo *rojo*.

rompecabezas

Violeta arma un *rompecabezas*.
Pone las piezas juntas
para formar un dibujo. ¿Cuál?

romperse

El plato se *rompió*
porque Juana lo tiró.

La cuerda de la cometa
puede *romperse*.

Yo *rompí* el lápiz,
¿qué pasa?

ropa

La *ropa* sirve para protegerse del frío.

rosa

Una *rosa* es una flor.
¿Todas las *rosas* son
del mismo color?

a b c ch d e f g h i j k l

142

rosquilla

Una *rosquilla* es como una galleta, pero con un agujero en el medio.

rueda

Una *rueda* da vueltas y vueltas.
Los coches tienen *ruedas*.
Las bicicletas tienen *ruedas*.

ruido

Los *ruidos* son sonidos.
Los aviones hacen *ruido*.
Los niños hacen mucho *ruido*.

rumor

En la playa oíamos el *rumor* de las olas.

S s

sábado

El *sábado* va antes del Domingo. En muchos sitios es fiesta.

saber

El guardia le pregunta al niño: ¿Dónde vives? "No lo *sé*, pero creo que por allí." El bebé no *sabe* cuantas son dos y dos.

sabor

Las cosas ricas tienen buen *sabor*; nos damos cuenta del *sabor* de las cosas con la lengua.

sacar

Miguel *sacó* al perro a pasear; mientras Luis *sacaba* los juguetes. *Sacar* es lo contrario de meter.

saco

Papá trajo ayer dos *sacos* de patatas.

Tadeo ganó la carrera de *sacos*.

sal

La *sal* se echa a algunas comidas para que sepan mejor.

salado

Las cosas están *saladas* cuando tienen demasiada sal.

salir

El sol *sale* por las mañanas. Carmen *salió* de paseo. *Salir* es lo contrario de entrar.

salud

Tenemos *salud* cuando no estamos enfermos y nos encontramos bien.

saltar

Todos estos animales *saltan*. ¿Puedes *saltar* a la pata coja?

144 a b c ch d e f g h i j k l

salvaje

Estos animales
son *salvajes.*
Nadie les da
de comer.
Tienen que buscarse
la comida.

Estas plantas son *salvajes.*
Nadie las plantó.

salvo

¿Está a *salvo* el pájaro
en mitad de la carretera?
Recogieron al marinero
sano y *salvo.*

sandía

Una *sandía* es una fruta
roja por dentro
y con mucha agua.

sangre

La *sangre* llega a todo tu cuerpo.
Por eso, cuando te haces
una herida donde sea,
sangras.

sapo

Los *sapos* son
animales pequeños
que parecen ranas.

sartén

Hay una *sartén*
al fuego.
Usamos las *sartenes*
para cocinar.

secar

Su madre le *seca*
el pelo a Lola.
La ropa está *seca.*

seco

El suelo está *seco* cuando
no llueve.
Una cosa *seca* no tiene agua;
seco es lo contrario de húmedo.

secreto

Paco y Lolo acaban de encontrar
un nido de petirrojo.
No se lo dirán a nadie.
Es un
secreto.

sed

El niño y el perro tienen *sed*.
Tienen muchas ganas de beber algo.

seda

La *seda* la fabrican los gusanos de *seda*.
Las ropas de *seda* son suaves y bonitas.

seguir

Los gansos *siguen* a Azucena.
Van detrás de ella.
El hermano pequeño de Eugenio le *sigue* a todas partes.

Alberto *siguió* jugando a la pelota.
No paró de jugar.

segundo

Juan es el *segundo* de la fila.
El que va después del primero.

El perro de Soledad ganó el *segundo* premio.

Un *segundo* es una parte del minuto.

seguro

Mamá me dice: "¿Estás *seguro* de que la fiesta de tu primo es hoy?

seis

Seis es un número.

El insecto tiene *seis* patas.

La estrella tiene *seis* puntas.

selva

La *selva* es un lugar donde hay una gran cantidad de árboles muy juntos entre sí.

sello

Las cartas llevan *sellos*.

a b c ch d e f g h i j k l ll

146

semáforo

El *semáforo*
tiene tres luces.
Cuando esté
encendida la roja,
no puedes pasar.
Cuando esté
encendida la naranja,
tienes que tener cuidado.
Con la verde,
puedes cruzar la calle.

semana

Siete días son una *semana*.
¿Qué día es hoy?
Las vacaciones de papá
duraron tres *semanas*.

semilla

Esta es una *semilla*
de girasol.
Muchas plantas crecen
de *semillas*.

Hay *semillas* en muchas
frutas y verduras.

sentarse

Todos están
sentados.
Nacho se ha
sentado
en un sillón.

El gato se *sentó*
en la ventana.

sentir

Ana estaba mala.
Ahora ya se *siente* mejor.
Siento frío.

señal

¿Cuántas de estas
señales conoces?

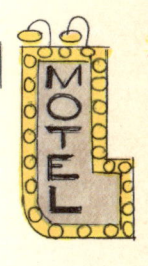

señalar

Los niños
señalan
las cosas
que van
a comprarse.

septiembre

Septiembre es un mes.
¿Tu cumpleaños
es en *Septiembre*?

ser

Pedro *es* un niño, la mesa *es*
un mueble; todas las cosas *son*
algo.
Los *seres* pueden *ser* vivos
o inanimados.

serpiente

La *serpiente* es un animal que anda arrastrándose por el suelo porque no tiene patas; las hay muy largas.

seta

La *seta* es una planta pequeña que crece en zonas oscuras y húmedas.
Hay algunas *setas* que son venenosas.

servilleta

María trae una *servilleta* con la comida. La usa para limpiarse las manos.

si

Si quieres puedes jugar conmigo.
¿Pueden nadar los peces? *Sí.*
¿Está mojado de agua? *Sí.*

siempre

La luz está *siempre* encendida

siete

Siete es una cantidad.

Siete sapos,

siesta

El niño y el gato duermen después de comer.
Se echan la *siesta*.

siguiente

El médico pregunta:
¿Quién es el *siguiente*?
¿Quién va después de este señor?

signo

Estos son *signos* de escribir.
Búscalos en esta página.

silbar

Jaimito *silba* porque es feliz.
¿Sabes *silbar*?

Daniel hizo uno de estos *silbatos*.

a b c ch d e f g h i j k l

silencio

Todos duermen.
Hay *silencio*
en toda la casa.
El ratón tampoco
hace ruido.

silla

Las *sillas* sirven para sentarse.

simpático

La gente *simpática*
se ríe mucho
y cuenta cosas
divertidas.

sin

La mula está *sin* rabo.
No tiene.

sincero

Sara es *sincera,* siempre dice
la verdad.
Ser *sincero* es lo contrario
de ser mentiroso.

sitio

Pepe y su hermano
fueron ayer
a muchos *sitios.*
Fueron al zoológico,
al parque, de tiendas.

sobre

Ramona metió la carta
en un *sobre.*
Hay un libro
sobre la mesa.

Sobre todo
dí siempre la verdad.

El avión vuela *sobre* las nubes.

Papá lee un cuento
sobre un pato.
La cabeza del perro está *sobre*
sus patas.

sol

El *sol* da luz y calor.

En verano hay muchos días de *sol*.

solo

Luisa está *sola*.
No hay nadie con ella.

Sólo una silla está ocupada.

Sólo hay un gato negro.

Sólo hay dos caramelos en la bolsa.

sombra

Se está bien a la *sombra* de un árbol.

¿Has visto alguna vez tu *sombra*?

sombrero

Los *sombreros* tapan la cabeza.
¡Mira cuántos *sombreros* distintos!

sombrilla

Las *sombrillas* son una especie de paraguas que se utilizan para protegerse del Sol.

sonajero

Los bebés usan *sonajeros* como juguetes.

sonar

Margarita hace *sonar* la campana.

El teléfono *sonó* mucho rato hasta que lo cogimos.

sonido

Todo lo que oyes es un *sonido*.
¿Qué *sonidos* has oído hoy?

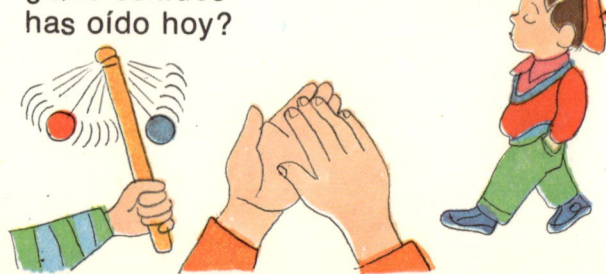

sonreir

Papá le dice a Lucas:
"sonríe", cuando
le hace una foto.
Y Lucas *sonríe*.

soñar

Carlitos *soñó* que
era un gigante.
Le gustó ese *sueño*.

sopa

La *sopa* se hace con carne,
con pescado o con verduras.
¿Qué *sopa* te gusta más?

soplar

El aire *soplaba* y arrastraba
los papeles por la calle.

El lobo *sopló* y *sopló*
hasta que la casa se cayó.

soplido

Lorenzo apagó
todas las velas
de un *soplido*.

sordo

Las personas *sordas* no oyen
lo que se les dice porque tienen
el oído enfermo.

sorpresa

Carlos le dio una *sorpresa*
a mamá haciéndole un regalo.
Luis se llevó una *sorpresa*
al saber que había suspendido.
Una *sorpresa* es algo imprevisto.

sortija

La mamá de Ana lleva
muchas *sortijas* en sus dedos.

sostener

Alguien *sostiene* al bebé.
Después lo *sostendrá* José.
El pato se *sostiene*
sobre una sola pata.

suave

Estas cosas son blandas y *suaves*.

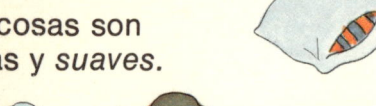

La voz y la música pueden ser *suaves* también.

subir

Hay que *subir* unas escaleras para ir al piso de arriba.

El precio de la leche ha *subido:* Es más cara.

El transportista *sube* los muebles a casa.

submarino

Un *submarino* es un barco que puede viajar bajo el agua.

sucio

Samuel se ha tirado rodando por la cuesta. Ahora está todo *sucio*.

suelo

Tomás va a saltar al *suelo*.

Las plantas crecen en el *suelo*.

Este *suelo* es de tablas.

El *suelo* es duro.

suficiente

Jorge no tiene la altura *suficiente* para llegar al timbre.
Rosa tiene dinero *suficiente* para pagar el libro.

La fuente mana agua *suficiente* para saciar la sed.

sufrir

Los animales *sufren* si se les maltrata.
Los cristianos *sufrían* martirio por declarar su fe.
Cuando algo te duele, *sufres*.

sumar

La primera operación matemática que se aprende es a *sumar*.
Sumar es muy sencillo, es como juntar cosas.

suponer

Suponte que llueve.
Piensa que va a llover.
Supones que sabes los nombres de estas cosas. Dilos.

Paco no sabe qué hay dentro de la caja.
Supone que un casco de astronauta.

susurrar

Ana *susurra* algo a su madre.
Solamente su madre puede oírla.

El viento *susurra* en las hojas de los árboles.

sur

Diego mira al norte.
Su espalda, al *sur*.

T t

tabaco

El *tabaco* es una planta con cuyas hojas se elaboran los cigarrillos y los puros.

tabla

Una *tabla* es un trozo de madera. Se pueden hacer muchas cosas con *tablas*.

tacto

El *tacto* es un sentido que se percibe a través de la piel. Con el *tacto* se perciben el calor, la humedad, la dureza, etc...

talón

Tú tienes dos *talones*. Uno en cada pie.

Los calcetines tienen la forma del *talón*.

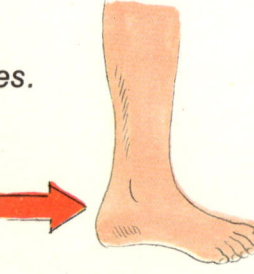

tallo

El *tallo* es una parte de las plantas que sirve para sostener las flores, las hojas y los frutos.

tamaño

Pedro y Juan son del mismo *tamaño*. Son igual de grandes.

¿Tiene el sombrero el *tamaño* de la cabeza de Ramón?

tambor

Juan sabe tocar el *tambor*. En los desfiles de soldados se oyen *tambores* que marcan el paso.

tanque

Los *tanques* sirven para guardar cosas en grandes cantidades. Estos *tanques* tienen agua.

tapa

Una *tapa* es algo que cubre. Los cacharros, las cajas tienen *tapa*.

a b c ch d e f g h i j k l ll

154

tapadera

La *tapadera* es una pieza con la que se cubren las ollas y las cacerolas.

tapar

Tapar es poner algo para cerrar un agujero.
Con las tapaderas se *tapan* las ollas; un agujero en la pared se puede *tapar* con yeso.

tapete

Debajo del mantel hay un *tapete*.
Si Antonio tira el agua, el *tapete* protege la mesa.

tarde

Por la *tarde,* es después de comer.
¿Te echas tú la siesta?
Lola llegó *tarde* a clase.

El reloj marca la hora.
Es muy *tarde*.

tarta

Las *tartas* son dulces.
Cuenta las guindas de la *tarta*.

taxi

Un *taxi* es un coche.
Hay que pagar por ir en *taxi*.

taza

¿Tú bebes la leche en *taza*?
La mayoría de las *tazas* tienen asas.

tazón

Un *tazón* es como un plato muy hondo.
Hay muchas clases de *tazones*.

té

El *té* es una bebida que le gusta a mucha gente.

tejado

Los *tejados* cubren a las casas.

tejer

La abuelita está *tejiendo* un jersey.
Ayer *tejió* un gorro.
Hay máquinas para *tejer* que hacen bonitos *tejidos*.

teléfono

Las niñas hablan por *teléfono*.
Uno de los *teléfonos* es rojo.
¿De qué color es el otro?

televisión

La *televisión* se ve y se oye.
¿Te gusta la *televisión*?

temprano

En verano el sol sale demasiado pronto.
Pero tú no tienes que levantarte tan *temprano*.

tendero

El *tendero* es el señor que despacha en las tiendas pequeñas, como un bazar, por ejemplo.

tenedor

Arturo come la carne con *tenedor*.
Hay *tenedores* de muchos tamaños y de diferentes usos.

tener

Tú *tienes* un diccionario.
Es tuyo.
Guillermo *tiene* otro.

terminar

Cuando *termina* la escuela puedes ir a jugar.
Terminar es parecido a *acabar*.

termómetros

Los *termómetros* sirven para saber si hace frío o calor.

a b c ch d e f g h i j k l

¿Cuál es el que usan los médicos?

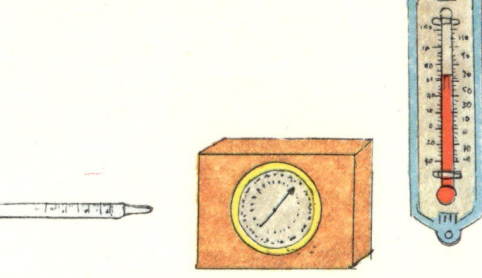

terremoto

Los *terremotos* son movimientos de la corteza terrestre; algunos son muy violentos y producen graves desgracias.

tibio

Se dice que una cosa está *tibia* cuando está templada, ni caliente, ni fría.

tiburón

El *tiburón* es un pez marino muy grande, tiene varias hileras de dientes agudísimos y se alimenta de otros peces más pequeños que él.

tiempo

Un año es mucho *tiempo*.
¿Qué *tiempo* te gusta más?
Hace mal *tiempo*.

tienda

Una *tienda* es un sitio donde se compran cosas.
¿A qué *tiendas* te gusta más ir?

Las *tiendas* tienen escaparates en las que muestran sus productos.

La comida se compra en la *tienda de comestibles.*
Ayer compré patatas, aceite, sal y lentejas.

Hoy compraré verduras en la *tienda.*

A veces la gente duerme en *tiendas de campaña* cuando va al campo. Doroteo y su padre ponen la *tienda de campaña.*

tierra

La *Tierra* es grande y redonda.
Es un satélite del Sol.
Tiene mares y *tierras.*
Sobre la *tierra* crecen las plantas.
Hay *tierra* de varios colores.

m n ñ o p q r s **t** u v x y z

157

tigre

El *tigre* es un animal salvaje parecido al león, pero con la piel pintada de rayas.
Hay muchos *tigres* en la India.

tijeras

Las *tijeras* de Alberto cortan el papel.
Mamá tiene unas *tijeras* grandes para coser y unas pequeñas para cortarse las uñas.

timbre

Los despertadores tienen un *timbre* para avisar a la hora prevista.
Las casas tienen un *timbre* para avisar la llegada de alguien.

tinta

Paloma escribió su nombre con *tinta* verde.
Usó un bolígrafo.

tío

Emilia y Juan tienen dos *tíos*.
Tío Jaime es el hermano de su madre.
Tío Jorge es el hermano de su padre.

tiovivo

Los niños montan en el *Tiovivo*.
Dan vueltas y vueltas.
¿Qué animal te gusta más de los del *Tiovivo*?

tirar

El bebé *tira* del pelo de su hermana.
También *tira* las cosas al suelo.
El tractor *tira* del remolque.

Arturo *tira* de su juguete.

Las cosas malas se *tiran* a la basura.

Antonio *tiró* la piedra.
La *tiró* con su mano derecha.

a b c ch d e f g h i j k l ll

158

títere

Los *títeres* son unos muñecos pequeños que utilizan los titiriteros para hacer obritas de teatro.

tiza

Pepe pinta con *tiza*.

Elisa usa una *tiza* para hacer este dibujo.

Hay *tizas* de colores.

toalla

Las *toallas* sirven para secar cosas.

tobillo

¡Tócate uno de tus *tobillos*! Está algo duro.

tobogán

A los niños les gusta jugar en los *toboganes*.

tocar

Las cabezas de las niñas se *tocan*.

Alfredo *tocó* a la rana con el pie.

A Pepe le *tocó* la lotería de Navidad.

todavía

¿Estás listo?
No, *todavía* no me he puesto el abrigo.
Hasta ahora no me lo he puesto.
Todavía soy joven para estudiar en la Universidad.

todo

Carlos recogió *todo* lo que había tirado.

Todos se despiden.

toldo

Los *toldos* son de lona.
Nacho se proteje del sol bajo el *toldo*.
Hay *toldos* en las ventanas de mi casa.

tomar

Marta se *tomó* una aspirina.
La raqueta se *toma* con la mano.
Los soldados *tomaron* la fortaleza.
Tomar es parecido a coger pero también se utiliza para decir otras cosas.

tomate

El *tomate* es un fruto rojo.
Se come crudo o cocido.

tormenta

En una *tormenta* hace mucho viento.
Nieva o llueve.
Puede haber rayos y truenos.

toro

Los *toros* son los machos de las vacas.
Hay *toros* fieros y *toros* mansos.

tortuga

Las *tortugas* son animales con concha.
Una *tortuga* se ha metido en su concha.

toser

El bebé está *tosiendo*.
Hay pastillas que quitan la *tos*.

tostada

Una *tostada* es una rebanada de pan asado.

Me gustan las *tostadas* calientes.

trabajar

Toda esta gente *trabaja*.
Sus *trabajos* son diferentes.

a b c ch d e f g h i j k l

160

traje de baño

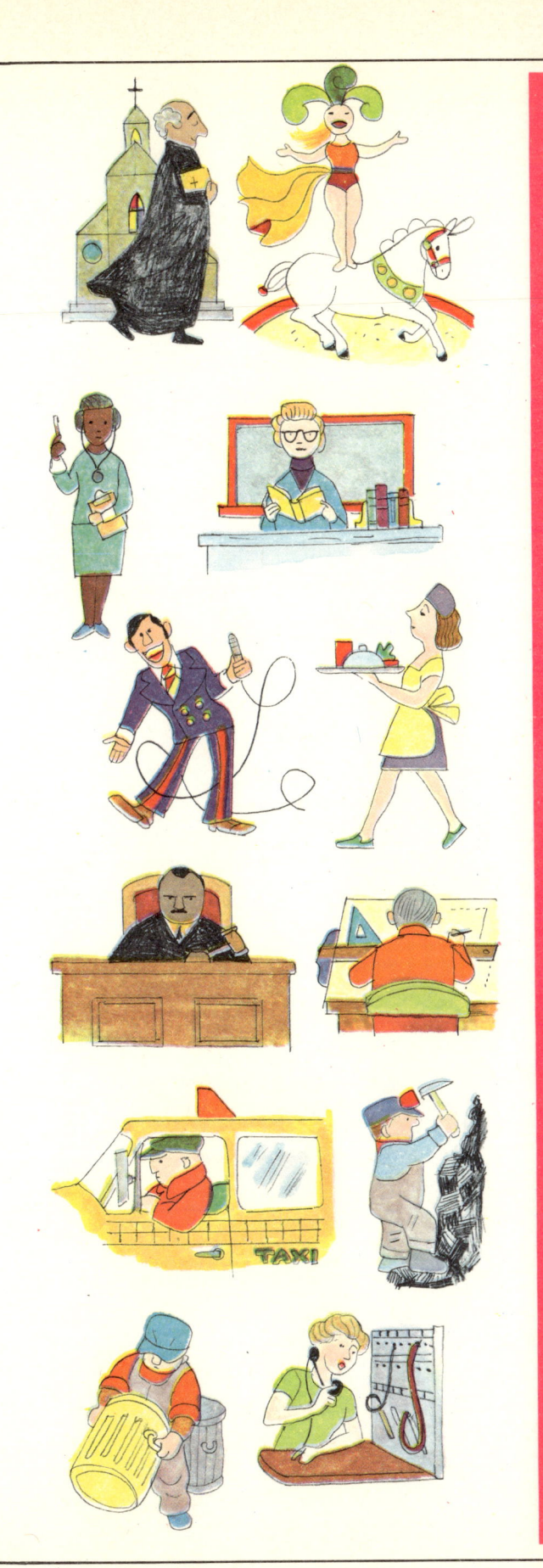

Para bañarte en la piscina, te pones el *traje* de baño.

traje

Roberto y Sandra tienen *trajes* nuevos.
El de Roberto es azul;
el de Sandra, verde.
Papá cuelga sus *trajes* en el armario.

trapo

La madre de *Marisa* hizo una muñeca de *trapo*.

Los *trapos* son trozos de tela.

trasladarse

La familia de Rogelio se *traslada* a su nueva casa.

Mi gato *traslada* a sus crías.

trece

El *trece* es el número que va después del doce y antes que el catorce.

tren

El *tren* lleva muchos vagones. Una máquina con grandes ruedas de hierro lo lleva por los raíles.

trenza

La nena tiene una *trenza* sujeta con un lazo.

trepar

Pedro *trepa* al árbol.

tres

Tres es otro número. Aquí hay *tres* niños en *tres* bancos con *tres* patas con *tres* sombreros en la cabeza que tienen *tres* puntas.

triciclo

Los *triciclos* tienen tres ruedas. Son fáciles de montar.

trigo

El *trigo* es un vegetal. Del *trigo* se saca harina para hacer pan.

trineo

Te puedes deslizar por la nieve en un *trineo*. Los *trineos* van muy deprisa cuando bajan una cuesta.

trompa

El elefante usa su *trompa* para bañarse.

a b c ch d e f g h i j k l

trompeta

La *trompeta* es un instrumento musical, metálico y de viento, porque funciona soplando por la boquilla.

trompo

Los *trompos* dan vueltas y vueltas.

tronco

Los árboles tienen *tronco*.

tropezar

Pepe *tropezó* con la alfombra. Se cayó.

trozo

Un *trozo* es una parte de algo.
Aquí se ven *trozos* de papel y de cuerda.

tubo

El agua llega a la ciudad por grandes *tubos* de cemento y entra en nuestra casa por *tubos* delgados de hierro.

truco

Guillermo sabe hacer *trucos* de magia.

tulipán

El *tulipán* es una flor. Sale en primavera.

tumbarse

Los niños se *tumbaron* a la sombra.
El perro, también, pero ya se ha levantado.

túnel

El *túnel* es un agujero que se hace en la tierra para salvar los obstáculos del terreno.
Por los *túneles* pasan carreteras y vías de ferrocarril.

U u

último

Juan cogió
la *última* manzana.
Ya no quedan más.

uno

Uno es una cantidad.

Un saltamontes,
un búho,
una jarrita de miel.

uña

Tú tienes *uñas*
en los dedos
de las manos
y en los de los pies.

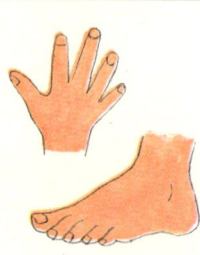

usar

Máximo *usó* una zanahoria
como nariz
del muñeco de nieve.
Soledad *usa*
su diccionario
para ver
como se escribe
una palabra.

uva

La *uva* es una fruta pequeña
que crece formando racimos
en las parras de las viñas.

V v

vaca

Las *vacas* dan leche.
Las *vacas* son animales
de granja.

vacación

Durante las
vacaciones
ni se trabaja
ni se estudia.
Se pueden hacer
muchas cosas
en *vacaciones*.
Se pueden leer
libros y jugar
y hacer
excursiones
y deportes.

vacío

El frasco de los dulces
está *vacío*.
No hay nada en él.
Vacío es lo
contrario
de lleno.

vadear

Vadear es cruzar un río
o riachuelo por un sitio poco
profundo, donde se puede
hacer pie.

a b c ch d e f g h i j k l ll

vago

Este gato es un *vago*.
No persigue a los ratones.

vagón

Los *vagones* de tren
se mueven sobre raíles.

vajilla

Los vasos, los platos y las tazas
son la *vajilla*.

valiente

Los bomberos
son *valientes*.
Pasan mucho
peligro en los
incendios.

Elena es *valiente*.
No llora cuando
se pierde.

valla

La *valla* no deja
que los caballos
se marchen.

valle

El hotel está en el fondo
del *valle*.

vapor

El humo en que se convierte
el agua hirviendo se llama *vapor*.

vaquero

El *vaquero* es el señor que cuida
de las vacas en el campo.

vaso

El agua se bebe en *vasos*,
también hay muchos otros tipos
de *vasos* para el vino,
los licores y los refrescos.

m n ñ o p q r s t **u v** x y z

165

vela

Cuando se enciende
una *vela,* da luz.
Si sopla viento,
las *velas* se hinchan
y el barco avanza.

vendaje

Tomás se hizo una herida
en un dedo y su madre
tuvo que ponerle
un *vendaje.*

vender

El hombre del sombrero
vende globos.
Le ha *vendido* uno
a Margarita.

Ella le ha dado dinero.

venir

"Ven, Totó, *ven* aquí".
El perro *viene*
cuando lo llamo.

ventana

La *ventana*
está abierta.
Las *ventanas*
dejan pasar
el aire y la luz.
Al través de
la *ventana*
veo a mi ardilla
en un árbol.

ventilador

Los *ventiladores*
nos quitan
un poco de calor
con su aire fresco.

ver

Vemos con los ojos.
Muchos animales
tienen ojos
y pueden *ver.*
Jaime *vio* una jirafa
en el zoológico.

verano

El *verano*
es una parte
del año.
Va después de
la primavera.

a b c ch d e f g h i j k l ll

verdad

Los cuentos no son *verdad*.
No son *verdaderos*.
Tomás contó
un cuento
sobre un caballo
con alas.
¿Es *verdad* eso?

verde

El *verde* es un color.

Luz *verde*,

hoja *verde*,

manzana *verde*.

verdura

Las *verduras*
son plantas
que se comen.
Elige las que
conozcas.

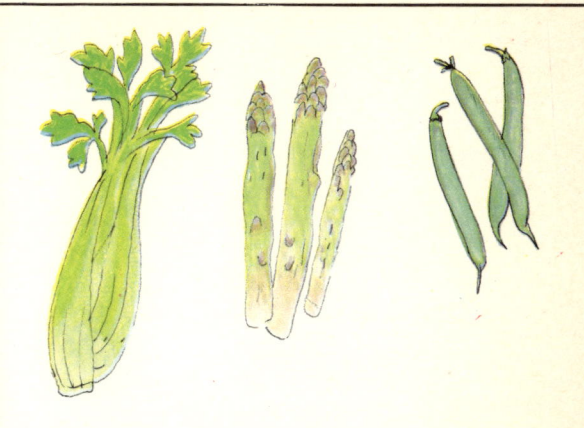

verja

El zoo está rodeado
por una *verja*.
Hay puertas para
pasar la *verja*.

verter

Amalia *vierte*
zumo de naranja
en un vaso.

vestido

Los *vestidos* nos sirven para
protegernos del frío y del calor.
Mi hermanita tiene muchos
vestidos de diferentes colores.

vestirse

Papá se *viste*.
Charo *vistió* a su muñeca
con el *vestido* nuevo.

167

vez

La pelota botó tres *veces*.

vía

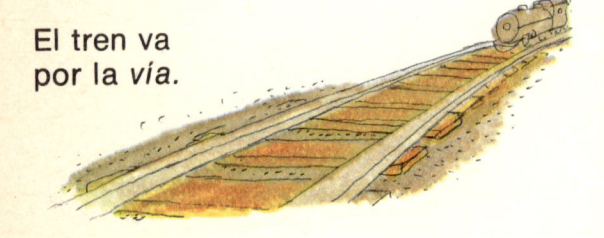

El tren va por la *vía*.

viajar

A Pedro y a los gemelos les gusta *viajar*.
Les gusta ir a sitios.
Han hecho muchos *viajes* en autobús, en tren y también en avión.

viaje

A la gente le gusta ir de *viaje* de un sitio a otro.
Es divertido *viajar* y ver los paisajes y las ciudades.

viejo

El coche y el hombre son *viejos*.

Tienen ya muchos años.

viento

El *viento* sopla.
No puedes verlo,
Pero puedes ver lo que hace el *viento*.

viernes

El *Viernes* es el día de la semana que va detrás del Jueves.

El *Viernes* va delante del Sábado.

vino

El *vino* es una bebida alcohólica que se obtiene del zumo de las uvas.
El *vino* es perjudicial si se toma en exceso.
Hay *vino* blanco y *vino* rojo.

violeta

La *violeta* es una flor.
El *violeta* es un color.
Las *violetas* son de color *violeta*.

a b c ch d e f g h i j k l

violín

Un *violín*
hace música
si lo tocas.
Tiene cuatro
cuerdas.
El *violín* se toca
con arco.

visitar

Tía Emilia
ha venido
a *visitarnos*.
¡Qué *visita*
tan pesada!

vivir

Unas cosas
están *vivas*
y otras no.
¿Cuáles?

Luisa *vive* en una granja.

volar

Los pájaros
vuelan.

El reactor *voló*
sobre la casa.

Mario hace *volar*
su avión de juguete.

volcán

Un *volcán* es
una especie
de montaña.
A veces
los *volcanes*
echan rocas
calientes
y nubes
de humo.

voz

Tú usas tu *voz*
cuando hablas
o cuando cantas.
Los perros la usan
cuando ladran.

m n ñ o p q r s t u v x y z

X x

X

La *equis* es la antepenúltima letra del diccionario castellano.

xilófon

Un *xilofón* sirve para hacer música. Se toca con unos martillos pequeños.

xilografía

La *xilografía* es el arte de grabar en madera.

Y y

y

Esta letra sirve para unir dos palabras.

.... y ....
.... y ....
.... y ....
.... y ....
.... y ....

ya

Ya he llegado; *ya* iremos al cine. La palabra *ya* se utiliza normalmente como adverbio.

yak

Un *yak* es un animal con mucho pelo. El pelo les da calor.

yate

Nacho tiene un precioso *yate* y durante las vacaciones navega por el mar.

yema

Todos los huevos tienen *yema*. La *yema* es amarilla.

a b c ch d e f g h i j k l ll

Z z

yeso

El *yeso* se utiliza en la construcción para cubrir los ladrillos de las paredes.

yo-yo

Carolina juega con un *yo-yo*.
Los *yo-yos* se deslizan sobre cuerdas.

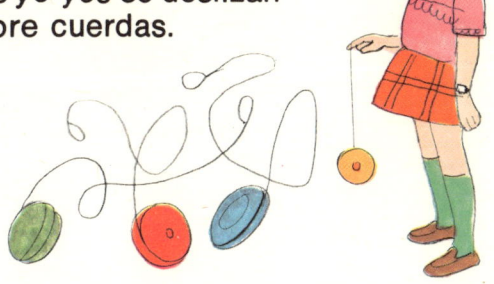

yogurt

El *yogurt* es un producto que se obtiene de la leche, añadiéndole ciertos fermentos y manteniéndole a una temperatura constante.

zambullirse

Eduardo se *zambulló* en la piscina.
Fue una buena *zambullida*.

zanahoria

Las *zanahorias* son unos vegetales.
Se pueden comer crudas.

zapato

Los *zapatos* son para los pies.

Jaime tiene un *zapato* puesto y el otro no.

zoológico

Un *zoológico* es un parque de animales.
Algunos animales son de países lejanos.

zorro

Los *zorros* parecen perros.
Son animales salvajes.

zumo

El *zumo* se hace
con fruta.
Mucha gente toma *zumo*
para desayunar.

a b c d e f g h i j k l